赚大钱靠行销

杜云生◆著

小行销小赚钱、大行销大赚钱、想赚大钱学行销

一套帮助你**省力**、**轻松**、**快速倍增利润**的系统工具

南方日报出版社
NANFANG DAILY PRESS

图书在版编目（CIP）数据

赚大钱靠行销/杜云生著.—广州：南方日报出版社，2009.8
ISBN 978-7-80652-919-5

Ⅰ.赚… Ⅱ.杜… Ⅲ.市场营销学——通俗读物 Ⅳ.F713.50-49

中国版本图书馆CIP数据核字(2009)第153357号

赚大钱靠行销

著　　者：杜云生
责任编辑：刘志一
E－mail：liuzhiyiliuzhiyi@sina.com
出版发行：南方日报出版社
地　　址：广州市广州大道中289号
电　　话：（020）87373998-8502
经　　销：全国新华书店
印　　刷：广州培基印刷镭射分色有限公司
开　　本：787mm×1092mm　1/16
印　　张：10.75
字　　数：280千字
版　　次：2009年9月第1版
印　　次：2009年9月第1次印刷
定　　价：38.00元

投稿热线：（020）87373998-8503　读者热线：（020）87373998-8502
网址：http://www.nanfangdaily.com.cn/press　http://www.southcn.com/ebook

自 序

十多年来，我不断学习，不断实战，我在全国30多个城市巡回演讲。通过现场的学习，很多人汲取了创富的知识，获得财富自由。但并不是每个人都有机会到现场学习，所以我把这些创富的知识、技巧合成书，希望能通过这种方式让更多的人学到创富的知识。

每个人都希望赚大钱，但是君子爱财，取之有道。今天我就把最有效的创富方法，传授给最想致富的你。本书《赚大钱靠行销》所讲的行销之道，就是取财之道。

之前，我有《绝对成交》、《无敌谈判》、《赚钱机器》等书出版，而这本《赚大钱靠行销》与其有所不同，它从战略角度，给出了一个赚钱逻辑。我赞同读者认真读本书，同时，我也以相同的力度反对死读书，因为我书中的案例不一定适合你，但其中的赚钱思想却是四海皆准，你要得其精髓，为己所用。

有人称我为“富人的导师”，我觉得这些都是虚的，真正让我兴奋的是一个个生动的事例。我的学员中，有的开了连锁店，有的开了家具城，有的成了大企业主，有的成了百万富翁。

或许看了本书，你仍然不能增加收入，但比起不读书，你离成功更近一步，因为书中所讲的，也是每个富人都曾经经历或者正在经历的。赚钱是无限的思考，也是一个长期的过程，不要急于求成，一步登天是不可能的，边创业边学习，潜移默化中，你已经进步了。

每当我劳累之余，我都会想起我那些富裕起来的学员，他们总是让我感到些许伴有泪光的欣慰。一个个致富故事，一桩桩成功案例，哪一个哪一桩不是一个智慧的亮点？不是一个致富捷径的成功开拓？只要好好学，遍地是黄金，只要得精髓，人人是富翁。

读者们、学员们！如果你们因为我的创富书籍而成为富人，欢迎你写信给我，一起分享你成功的喜悦！

杜云生

2009年5月20日

目录
Contents

第三章　倍增利润的三大行销法则

第四章　拓展行销思维模式

第五章　短期倍增业绩的九把铲子

第一章　揭秘行销

什么是推销与行销

推销与行销的概念

在教大家如何靠行销赚大钱之前，我想先给大家讲讲什么是推销和行销。因为这两者既有本质上的区别，也存在一定的关系。事实上，对于从事销售行业的人来说，“推销”和“行销”都是很熟悉的名词。然而，对于这两个艰深的理论，很多人却弄不明白，就算学了，也不一定能理解它们真正的含义，更别说很好地应用它们了。所以现在我跟大家分享一些很简单的观念，我要为行销做一些通俗易懂的定义。我要将世界上最好的行销方法通俗化，让每一个商业人士都可以学会为自己的企业做策划、为自己的产品做策划、为自己的利润做策划，而不需要仰赖过多的理论专家，不需要学习那些艰深难懂的行销知识。

推销就是满足需求，而行销就是创造需求。推销是从你制造出一个产品出来后才开始，而行销则是在一个产品制造出来之前就开始了。推销是说服顾客购买产品，行销是让顾客主动购买产品……大家听了可能还不是很明白，我还是举一个商界众所周知的例子来帮助大家理解这两个艰深的概念吧！

A、B两家鞋厂分别派出了一个业务员去开拓市场，一个叫杰克逊，一个叫板井。

一天，这两个业务员一同来到了一个岛国。到达当日，他们就发现这个岛国的人，从国王到贫民、从僧侣到贵妇，全都是赤足，没人穿鞋子。

随即，杰克逊向老板发了一封电报：“太糟了！这里的人都不穿鞋子，有谁还会买鞋子？我明天就回去。”板井也向老板发了一封电报：“太好了！这里的人都不穿鞋。我决定把家搬来，在此长期驻扎下去！”板井通过自己的努力，让岛上的人都意识到了穿鞋的好处。

最终，这里的人都穿上了鞋子，板井也因此获得源源不断的收入。

显然，杰克逊的想法就是“推销”的概念，他觉得岛上的人没有穿鞋的需求，所以鞋在岛上就没有市场。而板井的想法就是“行销”的概念，他创造了需求，赢得了市场，也收获了财富。

这个故事也从另一个侧面告诉我们一个道理：真正能让我们赚大钱的不是推销，而是行销。为什么要靠行销才能赚到大钱呢？接下来，我们就一起来探讨这个赚大钱的秘诀。

为什么赚大钱要靠行销

在我的培训课上，几乎每一个学员都会问我一个问题：杜老师，我该如何才能让我的企业赚大钱？无论是企业还是个人想赚大钱，就要学会行销。为什么呢？因为真正赚大钱的人都是非常会行销的人。

我研究全世界所有最赚大钱的方法、最好的获利模式，发现99%都在教行销。此外，我在研究全世界所有的个人成长或是企业管理的课程时，发现最昂贵的课程讲的也是行销；我所买过的所有书籍当中，最昂贵的书籍也是行销书籍；我拜访过的世界大师，他们所讲的行销课程也是最贵的，上两三天课要两三万美元。有关行销的书籍和课程之所以贵，在于它能让你的利润倍增，让你赚到大钱。从这些间接经验中，你们可能意识到行销的重要性了，但并不是每个人都能很好地运用它。

我们经常看到小老板通常只擅长推销，他们会在顾客面前讲解产品，讲解合约；他们会在顾客面前推销产品，解除顾客抗拒点；他们会在顾客面前，把产品讲得非常好，让顾客产生购买的欲望。但是他们不在顾客面前做这项工作的时候，产品就卖不好。所以小老板永远只会推销，只能赚到小钱。大企业主却不是这样的，他们擅长的是行销，所以他们总是能赚到大钱。

如果你要把生意做大，你就要掌握行销这项技能。你要坐在办公室里策划怎么让你的产品畅销，怎么吸引有需要的顾客主动上门。让大家知道你的产品，知道你的企业；让大家觉得你的品牌非常好，信赖你的企业。最后顾客都主动打电话上门要求购买。你所做的这一系列工作，就是行销。

可见推销跟行销是不一样的，**推销只能赚小钱，行销却可以赚大钱。**

会行销的人就能创造出市场上最好的产品，让顾客主动上门购买，并且帮你介绍。要买的时候选择你，不买的时候也会记得你，成为市场上的第一品牌，超越你的竞争对手。所以会行销的人想不赚钱都很困难。

赚大钱靠行销，倍增业绩靠行销，倍增利润也靠行销。如果你没有业绩，那你如何管理财务都没有用。所以接下来，我要和大家一起认认真真地探讨倍增业绩赚大钱的所有方法。我将全世界赚大钱最重要的行销模式、行销战略、行销战术，全部用通俗易懂的方法跟你分享。解开你企业业绩不好的谜底，让你一用就能够倍增利润。

推销与行销的分界

推销与行销同样能让你赚到钱，不同的是前者让你辛辛苦苦赚小钱，而后者则是让你轻轻松松赚大钱。怎么有如此大的差异呢？想要找出这两者赚钱的差异，首先我们要搞清推销和行销的分界，也就是它们的不同点，才能对症下药，才能找到你或者你的企业业绩不好的症结所在。

事实上，在前面讲到推销与行销的概念时，我已经提到它们的一些不同点了。可能那些概念会比较抽象，不是很好理解。现在我就结合几个具体的例子，详细地给你分析推销与行销更多的不同点，你也可以仔细对照你或者你的企业是在用其中的哪个方法赚钱的。相信通过这些，你应该可以更快地找出没有业绩、没有利润的原因了。

推销是把产品卖好，行销是让产品好卖

可能你走在大街上或者商场里、书店里，都会有人向你推销某

产品，甚至是在电话里、邮件中也有类似的事情发生。可是为什么有些人费尽口舌才卖出一个产品，甚至是一个也卖不出去，有些产品没有人向你推销，你也会主动购买呢？

这是因为有人在做推销，有人在做行销。这怎么理解呢？

我给大家举个例子。假设一家生产文具的公司有一批笔要卖，一支笔要卖10块钱。那么推销员的工作是什么呢？他的工作就是在顾客面前说服顾客，让顾客相信这支笔10 块钱是物超所值的。在这位推销员三番五次的说服下，如果顾客掏钱出来购买这支笔，那么推销员就推销成功了。如果顾客嫌这支笔太贵，这个推销员能不能给顾客降价？不能，因为他是推销员，他没有权力随便降价的。对于推销员来说，他的工作就是把产品卖出去，他没有权力去调整任何配合卖产品的方案。这样的过程就叫做推销。有没有发现你或者你的企业就是这样卖产品的呢？

因为价格太高，导致产品不好卖，所以推销员就回去跟老板反映："老板，这支笔卖10块钱，太贵了。我们的竞争对手才卖9块钱，所以顾客不愿意买我们的笔。"

听完推销员的叙述后，老板马上派人去调查了一下市场。通过市场调查后，老板发现两个问题。第一，像这样的笔竞争对手平均才卖9块钱。那他们卖10块钱，确实比别人贵了1块钱。第二，顾客能接受的大概也就是八九块钱。所以在看完调查报告之后，老板决定调整销售策略，要来一个买二送一，买两组送一盒墨水。

经过销售策略的调整，如果顾客再说他们的笔贵，推销员就会立刻说："顾客先生，我们公司本月有买二送一的活动。原来一支笔10块钱，现在你只要花20块钱就可以买到3支。也就说我们每一支笔平均起来的价钱比竞争对手还要更便宜一点，而且买两组还送墨水。"顾客一听觉得真是更物超所值，于是大量购买。就这样，这家公司的业绩比原来更好了。

这时，老板希望趁着这么好的势头，继续调整策略，进一步提高业绩。他想到通过奖励经销商来扩大业务，于是他对每个经销商说："这个月的销售额能超过50万元的，就奖励海外旅游并返利百分之……"结果，经销商备受鼓舞，业绩也大幅度提升。

这个老板通过一系列的策略让他的产品大卖。当你的产品销路不好时，你是否也能想各种各样的方法、策略让你的产品好卖呢？其实这个老板所做的促销政策、产品调研、市场调研或者是奖励经销商的一系列策划工作、调查工作就是行销。

看到这里不知道你有没有搞清楚推销与行销的第一个不同点。最后，我还是用一句话把它们概括出来，以便你记忆和学习。**推销是把产品卖好，在顾客面前用口才把产品卖好；行销就是坐在办公室去策划，让产品变得好卖。**

推销是一次性，行销是永久性

推销与行销的第二个不同点就是推销是一次性，行销是永久性。简单地说，推销是属于一次性的工作。比方讲，你在顾客面前讲解一次产品，就能推销一次产品；讲解100次，就能推销100次产品。但是如果你不讲解，产品就无法畅销了。

而行销就不是这样的，它是永久性的工作。只要你做好一次行销就能获得多次性回报。我就以可口可乐为例来说明吧。可口可乐公司就很会行销，他们所做的工作就是把"可口可乐"四个字行销好。他们在产品生产前就把行销方针定好了，品牌定位定好了，全世界的战略也定好了。他们做足了这样的一次性工作后，产品一出来就好卖。他们只在顾客前讲了一次，顾客就不断地来购买，最终他们也从中获得了永久性的收入。可见行销是一劳永逸的，永久性的。

推销是说服顾客买产品，行销是让客户主动上门购买

“先生，这是我们最新的产品，功能齐全、物美价廉，更重要的是它节能……”你一走进电器卖场，马上就有一个推销员过来跟你推销电视机，接着他继续用他那三寸不烂之舌跟你介绍这台电视机有A、B、C等优点。终于你被他说服了，说考虑要买他们这个牌子的电视机了。这个推销员在做什么呢？他在千方百计地说服顾客买他的产品，他在向顾客推销，对不对？

推销就是说服顾客买产品，行销则是策划让有需要的顾客主动上门购买的过程。**市场上最成功的公司都是最懂行销的公司。**比方讲可口可乐公司，他们需要上门推销产品给你吗？不需要。当你口渴了，一走进超市看到外包装是红色的碳酸饮料，你就会主动拿可口可乐，对不对？可口可乐的这个工作叫什么？这叫做吸引有需要的顾客主动上门买东西。他们只需要架设好全球的行销舞台，顾客自动会上门购买，而且到处买得到。

但是小公司老板并不懂得如何让顾客主动上门购买，他只会去找顾客推销。

所以他只能做他的小区门口的生意，像美容院、美发院，他不能变成沙宣；所以他只能做他所在城市的生意，他只能做区域性的生意，不能把他的公司变成全国性的企业，不能变成全亚洲、全世界的企业。

这就是推销与行销的第三个不同点，你要慢慢消化，最主要的是把它用到你的企业当中去。接下来，我要讲它们的第四、五、六……个不同点。

推销是一对一，行销是一对多

行销是一对多的，但推销是一对一的。一对多有可能是对几

百、几千万人，有可能对全中国，也有可能对全世界。但推销只能一次对一个人，所以推销只能赚小钱，行销能赚大钱。**推销是用体力，行销是用脑力；推销是用嘴巴，行销是用头脑。推销是抓鱼，行销是网鱼。**可是当你抓鱼时，鱼会想跑，是不是？

这很好理解，你假想一下一个推销员去拜访顾客，通常顾客是很高兴还是不高兴；推销员通常拜访顾客被拒绝的多不多。你通常遇到推销员上门了，他跟你讲产品，你通常本能性地会拒绝，对不对？所以你抓鱼，鱼会想跑。但行销就不会出现这样的情况，因为行销是在河里撒鱼饵并在河底放下鱼网，然后吸引鱼主动来吃鱼饵。等鱼一来吃，你只要一收网，一大把鱼就被网上来了。我用这样的比喻，是想让你更容易去理解这些观点。我也希望能够用这些通俗易懂的方法让人人都能学会行销。

通过认识推销与行销的这些不同点，是不是让你觉得行销所产生的绩效、效率远远高于推销呢？当然推销与行销的不同点不止这些，我就不再一一赘述了，现在我把它们总结在以下的表格中。你也可以结合自己企业的实际，找到更多的不同点，或者对照以下表格中的内容，看哪些是你已经用在企业中了，哪些是你还没有用到的。

推销与行销的不同点

推 销	行 销
从你制造出一个产品出来后才开始	在一个产品制造出来之前就开始
把产品卖好	让产品好卖
一次性	多次性、永久性的
说服顾客买产品	让顾客主动上门买东西
一对一	一对多
用体力	用脑力
用嘴巴	用头脑
抓鱼	网鱼
满足客户的需求	挖掘客户的潜在需求
……	……

我已经把推销与行销中最重要、最精华的不同点概括出来，相信你也能从中看出哪个更赚钱。所以现在我想请问各位读者，到底你们想要学会推销还是行销？如果你选择了购买本书，那不用说，你当然是很想了解如何学会行销赚大钱。

第二章　推销与行销的三大关系公式

第一公式：行销=推销的N次方

亚伯拉罕曾说：“穷人是花最多的时间获得最少的利益或回报，而富人是花最少的时间获得最多的利益或回报。”当然每个人都想成为富人，但并不是每个人都懂得用最少的时间获得最多的利益。现在我就要把这个秘诀公之于众。其实，只要你掌握了推销与行销的三个关系公式，就能用最少的时间赚最多的钱了。

第一个公式就是行销等于推销的N次方。这是你要牢记的第一个公式。这第一个公式说明了行销的效率是推销的几何级的倍数。如果你能搞懂这个公式，就知道行销为什么能赚大钱了。一般人都不太理解这个公式，觉得它是数学公式，太抽象，不好懂。没关系，我就用通俗易懂的语言和例子给你讲解。

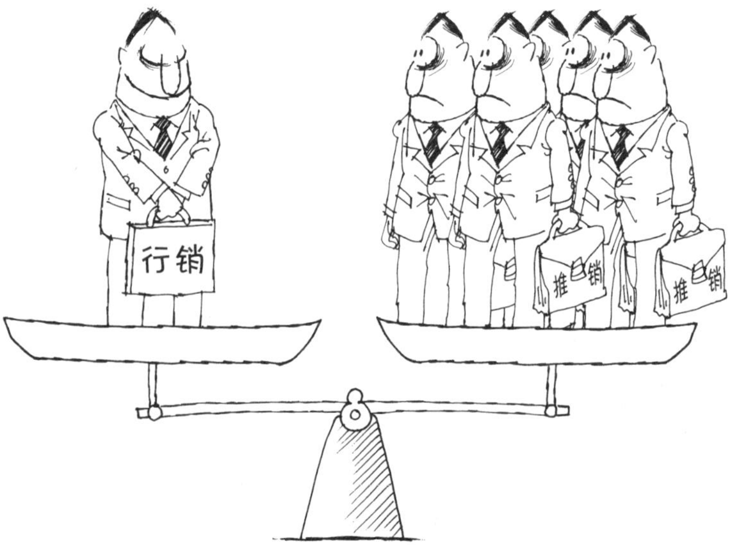

行销等于推销的N次方。它的意思就是**做好一次行销，胜过成千上万次费尽口舌的推销；做好一次行销，胜过你成千上万名推销员在市场上每天耗尽体力的推销。**请问你看懂了没有？

我还是给大家举一个例子吧。比方说，我到餐厅去吃饭，常常会遇到很多卖啤酒的促销员。不晓得你有没有见过？当你一坐下来时，卖啤酒的推销员就走过来问你："先生，点我们的啤酒吧！我们正在搞促销活动，买二送一，还送开瓶器，如果你点更多还能参加抽奖活动……"

请问，啤酒小姐在跟你介绍她的啤酒，要你给她买啤酒的这个动作是什么？没错。是推销。这个动作是行销环节当中最后一小部分，也叫做把产品变成钱的过程。这个动作需要靠推销，所以你不能不会推销。推销很重要，推销是基本功。但是你不能只靠推销。这个原因我刚刚已经解释过了。如果把产品变得好卖，那么行销就成功了，而推销甚至可以变得不必要了，变轻松，变简单了，对吗？所以行销等于推销的N次方。

如果这位推销员继续卖力地向你推销她的啤酒，你也不一定想喝她的啤酒。如果她推销没有成功，也就没有了业绩。但是有另一种情况，有一天你想喝啤酒的时候，你主动跟餐厅服务员说："给我来一瓶青岛啤酒。"为什么你会主动想买青岛啤酒喝呢？因为青岛啤酒已经是全国的啤酒第一品牌，深入人心了。所以你想喝啤酒的时候，会主动说给我来一瓶青岛啤酒；所以青岛啤酒不用派促销小姐在你面前介绍它的啤酒，但你想喝啤酒的时候，就会想到青岛啤酒，并且你也愿意喝它。我讲完这个例子，你知道青岛啤酒是用推销还是用行销呢？答案当然是行销。但是那个在你面前推销啤酒的小姐，促销的那个啤酒品牌，她的公司就不会行销，所以他们必须要派人去你面前推销，结果你也不一定喝，所以这叫做推销。

最后，我再强调一次，行销等于推销的N次方，行销做好一次胜过成千上万次你费尽唇舌的推销。大家明白了吗？

第二公式：推销÷行销=推销所需付出的努力

我发现有很多老板常常用最大的力气去做生意，却只能赚最小的钱；他们用尽全身心的时间，却只能赚微薄的酬劳。为什么呢？因为他们只会推销。推销很费力，还不一定能赚到多少钱。有没有这种情况？有。因为他们不懂推销与行销的第二条公式。

现在我就来讲推销与行销的第二条公式。第二条公式就是推销除以行销等于推销所需付出的努力。这个公式说明了推销跟行销一个很重要的关系，即行销是分母，说明行销做得越足越好，产品就越容易卖出去，所付出的成本就越低。那么你要不要学会这个公式呢？

你先想想看，如果这个公式运用于你的企业中会产生什么样的效果？我举例来说，如果推销是10，行销是1，也就是说你公司里面把推销用了10分的精力、10分的人力、10分的资源、10分的本钱去做推销，结果你行销才用了1分的力量。那么10除以1等于几？这个简单的运算，相信你一定会做。对，答案是10。从这个运算的结果来看，你企业的推销很费力，不是吗？因为要费10分力，你才能把公司的东西卖出去。既然你公司推销这么费力，你想让它更省力吗？如果想的话，你把行销加到2，然后再用刚才讲的第二公式运算一下，看看结果会怎么样？很简单，10除以2等于几？我刚刚讲过推销除以行销等于推销所需付出的努力。所以现在你公司推销还是10，但是把行销1变成2，所以答案变成5了。这个答案是不是让你感到很惊喜？你只要将行销这个分母稍稍一加，就会产生意想不到的效果。所以你要记住这句话：**行销加一倍，推销的力气就减一半。**

我举个例子，你公司的业务员打电话约访某公司的总经理："某某总经理你好，我是某某公司的业务员，我叫某某某。"业务员一讲完，结果对方说没听过。这个时候，你觉得对方说没听过，业务员是不是需要更费力才能见到别人呢？等到去拜访时，业务员把名片拿出来，别人说没听过。这是不是你的业务员要更费力，才能让别人购买你的产品呢？所以你的行销做得好，就不会这么费力了。如果你一说我是某某公司某某，他一听，说："哦，我听过你们公司。"如果业务员打电话去，遇到的是这种情况，说明你们品牌形象做得好。这时，业务员去拜访，名片拿出来，对方会说："哦，我听过你们公司，我也认识你。"如果是这样，又表示什么呢？这表示你的公司和你的业务员的个人行销做得好，所以推销起来就变轻松了。所以行销加一倍，推销的力气省一半。

你听懂了吗？如果你听懂的话，现在要加强在推销上还是行销？当然是在行销上。因为行销省力轻松，却可以赚大钱；而推销很费力，却只能赚小钱。所以现在就要加强行销资源，在你公司投入最多的精神在行销上。当然并不是说不用推销了，只是把行销做好，推销几乎就变得不必要了或者轻松了。

第三公式：推销×行销=业绩结果

接下来我要跟你分享第三个公式。在学这个公式前，我先问大家几个问题。那么多人去学行销课程的目的是什么呢？答案是想倍增业绩，是吧？你公司业绩好不好，我相信你应该很关注，对吧？你去年营业额做多少，我相信你应该很清楚；你上个月业绩多少，你应该很清楚。但是下个月业绩，你要做到多少，你明年业绩要做到多少你想过没有？要不要让业绩增加10倍、20倍呢？

如果想的话，你千万记住第三条公式就是推销乘以行销等于业绩结果。什么叫推销乘以行销等于业绩结果呢？比方讲，你们公司推销是10，而行销才做了1，那么10乘以1等于多少？答案是10。也就是说你们公司的业绩只有10。

你想倍增业绩吗？如果想的话，请看一下这条公式：推销×行销=业绩结果。根据这个公式，我们假设推销不变，即推销仍是10，而把行销从1变成2，那么10乘以2等于几？答案是20。看到没有，行销加一倍在你公司里，业绩就怎么样？业绩就翻一番。**行销能力加一倍，业绩就翻一番。**所以只要你加更多的资源、时间、精力、脑力在行销上，即使你推销不用更费力，还是10，你业绩却翻一番了。

现在我们一起来把刚刚我讲的最重要的两条公式复习一下。第一，推销除以行销等于推销所需付出的努力。这句说明了行销加一倍，推销的力气减一半。第二，推销乘以行销等于业绩结果。即行销加一倍，业绩翻一番。如果现在我们把这两句话的结论合在一起看一遍，你看出了什么奥妙没有？只要行销一加倍，不但业绩翻一番，同时推销的力气还减一半。

这不就是我刚刚说的更省力，却更赚钱吗？你想收入加两倍，空闲的时间还多3倍吗？你想少一份工作，却多了一份收入吗？你想越省力却越赚钱吗？你想一劳永逸地获取终身财富吗？你想一分耕耘，十分收获吗？如果想的话，你就记住这两句话得出的结论。我们要更省力却更赚钱，就必须加强行销。它是你在整个商业行动中，最能让你轻松赚大钱的方法。

第三章　倍增利润的三大行销法则

第一大法则：增加你服务的顾客人数

行销是一种脑力活动，行销是一个思考的过程。可是大部分老板不了解赚大钱的关键是思考。本来应该挪时间动脑筋去思考如何倍增利润的时候，他们却忙得顾不上思考，就只会埋头苦干，结果用最大的精力赚到最少的钱。我的一位老师曾对我说过：脖子以上赚钱，才是赚大钱的关键，而不是用体力。但是大部分老板没有这个精力、时间去思考和总结。

请问，你知道倍增业绩、倍增利润的方法有多少个吗？

“有很多吧！”

“十几个。”

“没想过，一想就头痛。”

…………

对于这个问题，每个人心中都有自己的答案。不过现在有一点可以帮你马上解决的就是你不用再头痛了，我已经把倍增业绩、倍增利润的方法总结出来了。全世界能够帮助你增长业绩的方法只有三个，非常简单的三个！这三个方法对大企业老板来说，他们天天都在用。但对小公司老板来说，他们却从来没有认真考虑过这三个方法。当你知道了增长业绩的方法只有三个之后，你做的所有事情就直接围绕这三个方法，这是不是就变得简单了，有方向了。现在我就把全世界倍增利润的三大行销法则，一个一个地跟你分享。

第一个方法就是你无论如何要去想办法增加你服务的顾客人数。现在你马上看一下每天上门购买你产品的顾客有多少，是宾客盈门还是门可罗雀呢？如果你一天到晚服务的顾客只有这么一点点人，那怎么能赚大钱倍增业绩呢？很多人看到这里会说：“废话，我也知道倍增顾客的人数，就会倍增业绩。”其实问题并不在于你是否知道这个。问题是你用了哪些方法去倍增人数？你也知道要增加业绩就要增加服务的人数，可为什么你服务的人数还这么少呢？你也知道顾客量要大，才会赚钱，可为什么你顾客量还是不够大呢？所有这些问题就出在你不了解有哪些方法可以帮你倍增你所服务的顾客人数。现在我就一一把它总结出来。

钓竿原理

钓竿原理，你可能没听说过，但是你一定用过钓竿钓过鱼吧。而这里所讲的钓竿就是吸引顾客上门的管道。假如你是位职业钓鱼者的话，你的目的应该不是休闲，而是看你一天能钓到多少条鱼，这才是最重要的。那么要用什么方法才能钓到更多的鱼呢？我们先来研究一下，如果每天一根钓竿能钓到一条鱼，那么100根钓竿能钓到几条鱼？答案是有可能钓到100条鱼。可见钓竿越多越好，因为钓竿越多钓到的鱼也越多。讲到这里，我想问一下你吸引顾客上门的管道到底有多少？你甩在池塘里的钓竿有多少？据我所知，世界上能钓鱼的方法有70多种，也就是增加顾客服务人数的方法有70多种，可惜我看到很多公司通常只用了一种或两种钓鱼的方法。比方讲，有的人会请推销员向顾客推销产品，那他就只用推销员推销，他从来不考虑别的方法。有的人会在电视购物频道推广产品，他就只用电视购物这种管道来吸引顾客，其他方法从不考虑。有的人会利用互联网卖产品，他就只用互联网，不用别的方法……如此单一的行销方法，怎么能吸引更多的顾客，怎么能让业绩倍增呢？

我们来想想看，有时候你请推销员上门推销能得到一些顾客，但有没有一些顾客不愿意接受推销员的推销或者有些顾客你的推销员根本就找不到。如果有的话，他们在哪里，有没有可能这些顾客

喜欢上网？那么针对这一群体你有没有在网上做行销？如果你没有用互联网做行销，你立刻就失去几千万网民的大市场，对吗？也有一些顾客不喜欢上网，那怎么办呢？那你要进一步调查，结果调查显示，这些顾客喜欢在家看电视。这时，你可以考虑跟电视购物频道合作。如果你跟电视购物频道合作，说不定会因为电视购物频道不停播放你产品的广告，又让你争取到一些喜欢电视购物的顾客。这有没有可能呢？

你看，我一不小心就讲了三个钓竿了。我再举些例子讲，有些顾客不喜欢接受推销员的推销，也不上网，也不看电视，而是喜欢去书店买书查数据。有没有这样的顾客？那你有没有通过出版物来行销？如果你没有通过出版物来行销，你又失去了这一群书店的客户，对吗？任何行业都可以通过出书、出光盘或者是通过出版一些杂志来做行销。不相信你去书店看一看，只要你在那呆上一天就知道书店里面有多少种行业在里面做行销了。我再举个例子，有一些顾客不会上书店看书，但他喜欢逛街。你有没有在你准顾客会出现的人潮最多的地方，选对池塘去钓大鱼呢？你有没有在你准顾客出现的地方，去做商品的展示活动呢？让他看一看，让他体验。如果没有，你又失去了一根钓竿。

我再举例讲，有些顾客喜欢听演讲、参加会展，那你有没有举办会议行销展示你的服务或者产品呢？最后，我再举一个例子，有些顾客什么推销方法都不喜欢，但他相信口碑。那你有没有利用顾客介绍顾客的顾客转介绍模式呢？如果没有，你又失去了一根钓竿。我已经讲七八种不同的钓竿了，这些都是吸引顾客上门的管道啊。我在前面就讲到世界上能钓鱼的方法有70多种，而你的企业又用了多少种呢？这一比较你知道你的生意有惊人的潜力没有被挖出来。如果你能把这些潜力挖出来，可以获得的财富就远超过你现在所拥有的。但很多人就是不懂钓竿原理，更不会使用它。现在我跟你讲了这么多，你赶快往你池塘时多放几根钓竿，这样想不增加客户人数都难啊！

桌腿原理

桌腿原理和钓竿原理有异曲同工之妙，都是增加顾客人数的管道和方法，不同的是桌腿原理讲的是先要有明确的业绩目标，再根据目标去思考增加人数的方法。

请问一下，一张桌子要有几个桌腿才能稳固不倒呢？这个问题可能有点为难你了，因为一张桌子要有几个桌腿才能稳固，这要根据桌子的实际来定。那么现在我们就假定一种情况，以便我们分析和运用这个原理。假如一张桌子有四个桌腿就很稳固，那么只有三个桌腿的时候，就会出现不太稳固的情况。如果只有两个的时候，就更要倒了。当只有一个桌腿的时候呢，就有可能是摇摇欲坠或者完全倒在地上。一条腿的桌子不稳，为顾客服务的管道只有一个，公司就会不稳。但是我研究过很多公司，发现他们通常只用了一两个桌腿，只用了一两种吸引顾客上门的方法。只用了一两个桌腿，购买你产品的顾客自然就不多，那你本月、本季度、本年度的业绩怎么可能实现呢？下面，我就举例来说明怎么用好让你业绩翻倍的桌腿原理。

有一次，我打算在上海开拓新的培训市场，并且要卖1000张门票。这个销售目标对当时的我来说，的确很有难度的。因为我那时刚在上海开公司，所以大多数人不太认识我们公司。后来我设定了一个目标，要在一个月内销售1000张门票。为了要销售演讲座谈会的1000张门票，我就画了一个圆圈，好像一个桌面一样。

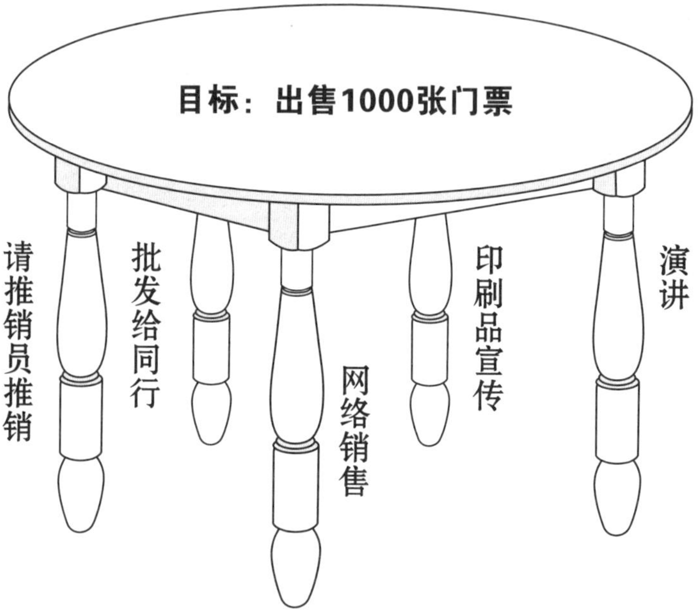

我就开始列举能帮助我吸引顾客上门的桌腿，第一个桌腿，我聘请推销员来推销。第二个桌腿，我要批发给同行，让同行有一个批发价去卖给他原本的顾客。就这样我用了两个桌腿了，但我觉得想要卖好票，仅仅靠这两个桌腿是不够的。于是我想到了第三个桌腿，我在互联网上链接很多网页，有人通过网站买票。第四个桌腿，我在书后面夹了一些宣传广告或者是在书里面印刷了一张门票的介绍，结果有人看过书后打电话来买票。第五个桌腿，我通过演讲介绍了这个活动，有人在现场就买了票。

最后一个，我请那些已买票的顾客帮我介绍新的顾客，所以又有一些人是被顾客介绍来的。你看到没有，为了让1000张门票能在一个月内销售出去，我不断地在寻找实现这个目标的桌腿。结果，在这么多个桌腿的支撑下，我这张1000张门票的桌面不仅屹立不倒，还为我打开了市场，带来了业绩。所以你要不要用这个原理去增加你服务顾客的人数呢？

如果你的公司业绩明年要做1个亿，你要画一个圆圈，上面写一个亿，然后仔细想一下，你一年到底可以找到几只桌脚来获得你的顾客来源呢？桌腿越多，意味着你的顾客也就越多，利润当然能够成倍地增长了。

增加顾客数量的合营策略

增加顾客的人数，数量是第一先决要件。那么除了上述两个原理能帮助你增加顾客数量外，还有没有其他的方法呢？当然有了。这就是我们这一部分重点要讲的合营策略。这个方法最大的好处就是不仅能让你自己的顾客数量增加，还能让与你合作的企业吸引到更多的顾客。当你服务的顾客数量不够多的时候，你会不会想到和其他行业的人合作，会不会想到用合营策略去增加人数呢？可能很多人觉得这不可能，或者是没想到。现在我就讲一个发生在我学员身上的案例，看我是怎么教他用这个方法的。

我有一个学生，他是卖豆浆的。豆浆店老板来上我的最高层的总裁行销班。他来学行销学的时候，问了我一个问题："杜老师，我的豆浆店生意不好怎么办？"一个人通常是生病之后，就会去看医生。为什么呢？因为自己查不出。病人有什么病，医生一看，很有可能在5到10分钟之内，就查出他的病源是什么，并且对症下药，药到病除。为什么医生能在这么短时间内，查出病人多年的病，而病人自己却不知道呢？因为医生有某些专业知识，他根据某些“程序”或“公式”来帮你查病。所以一个企业主业绩不好，我称他为病人。他的业绩不好，他找不出问题在哪里，而我受过行销的专业训练，所以我懂某些行销的公式和固定的程序。业绩不好是病，我可以帮你查病因。接下来，我就依据我所掌握的专业知识对这家豆浆店进行诊断。

我问了豆浆店老板第一个问题：“你每天上门的新顾客人数是多少？你有没有统计过？”

豆浆店的老板笼统地回答道：“不多。”

通常医生会询问病人许多的问题，以便更准确地找出病因，所以我接着追问：“到底是多少？”

豆浆店的老板想了一下说：“二三十个。”

“你有多少张桌子可以供顾客来店里吃饭？”我又进一步问这位老板。

“有40多张。”豆浆店老板一说完，我感到非常吃惊。如果一张桌子坐两三个人的话，那么一天店里客满的话也有一百来位顾客。可是根据这位老板说的，他店里一天才来二三十个人，那他店里岂不是有一半以上位置是空的。难怪他说生意不好。那怎么办？查他的钓竿、桌腿。

“你到底用什么方法在吸引顾客上门？”找到了问题所在，于是我又问了豆浆店的老板，以便对症下药。

豆浆店的老板答道：“没有什么特别的方法。我给那些香喷喷的食物，写了一些招牌并标明价格，有部分过路的人看到物美价廉的食物就跑进来吃。”

看到这里，大家应该知道这位老板为什么每天上门的顾客那么少了吧？他只用了一种钓竿——过路客，仅靠一个钓竿，生意怎么会好呢？！但是靠过路客做生意，也是很多人经营店面的唯一做法，所以我对此也不感到惊讶了。现在我们知道了这家豆浆店生意不好的病因后，接下来应该怎么办呢？让专家开药治病，对吧？

在商界不乏行销策划的专家和顾问，但是能对症下药的专家却不多。我曾经把这个案例讲给其他行销顾问听，有人一听完就说，把这个豆浆店搬到人潮多的地方，生意立刻就好了。这个方法听起来好像不错。可是我认为这是非常不切实际的做法。原因在于把店搬到人潮多的地方，店面租金也会贵很多，万一赚不到什么钱，风险岂不是变大了？所以我一般不建议老板采用这个方法。也有一些专家和顾问听到这个案例时，就说干脆在人潮多的地方发传单，打广告。这样就会有人因拿到宣传单或者看到招贴广告、屏幕广告，而被吸引来豆浆店吃东西。一听，我觉得这个方法同样不能收到最好效益。一般在人潮多的地方投放广告，广告费也是相当高的。即使有部分顾客被吸引过来了，但是成本也相应增加了，那你也赚不了大钱。而万一这个方法没能把吸引顾客过来，广告费就付之东流了。所以这两个方法都不好。既然这两个方法都不好，那有没有更好的方法呢？当然有。通常**一流的顾问、一流的专家、一流的医生都能用最小的成本帮你获得最大的利润。**

后来，我又问这个豆浆店老板："你的店门口到底一天能经过多少人？"

豆浆店老板告诉我，这里一天没多少人经过，就是经过的车比较多，因为这一条路上有很多加油站。

我继续问："哪一家加油站最大？"

"离我这大概100米左右的马路口有一家很大的加油站。"

于是，我给这位老板出了一个主意，让他去跟加油站老板谈。谈什么呢？就是在加油站外面拉一条横幅，写着加油免费喝豆浆。加油站老板听完一定会问，豆浆谁来免费给车主呢？这个当然要豆浆店老板出钱了。假如你是加油站老板的话，你不费一分钱就可以吸引更多的车主上门来加油，你愿不愿意接受这个合作呢？当然愿意。正所谓商者无域，相容共生。既然加油站的老板同意了，那接下来豆浆店的老板要怎么做呢？当然就是找人制作一条“加油免费喝豆浆”的横幅，并把它贴在加油站附近。然后在车主加完油付钱的时候，让收银员顺便把豆浆免费券给车主。豆浆免费券上面写往前开100米，免费领取豆浆一杯。车主一看，往前开100米免费领取豆浆一杯。当然不会每一个人都去，但是你猜猜看，有没有人去？当然有。这是一个几率的问题。有人开着车子走100米去领一杯免费豆浆。豆浆店工作人员一看，果然是加油站发的，于是给了车主一杯免费的喝。但是你仔细想想看，如果车上还有两个人，而豆浆店只送一杯豆浆，那另外两个人怎么办？这时，他们就有可能买豆浆喝或者点其他东西吃，比如烧饼油条。这样一来，店里的客人是不是一下子就增加了呢？看，豆浆店里的40多个位置，在吃饭时间几乎是客满的。此外，为了满足那些赶时间的车主，店里还设了外卖区。这又增加了一个吸引顾客的钓竿，生意不就好起来了吗？而豆浆店客满的成本只是豆浆的成本而已。他只为有结果的顾客、只为上门的顾客付广告费，只为结果付广告费，不做无谓的宣传，而只为带来生意的顾客付广告费。你觉得用这个成本来吸引顾客上门值不值得？当然值得。

我刚刚讲这个案例，是想让大家知道这个世界上有太多方法可以挖掘出更多的顾客去购买你的产品。可能你过去一直没有去想这些方法、用这些方法或者只是单一地用某个方法，所以导致你的顾客人数增加不起来，业绩当然增加不起来。方法用得越多，顾客数量就越多，生意就自然会红火。

最后，你可以做以下几道题目来复习和巩固我刚才讲的。

自我分析：

1. 写下3—5种目前增加你服务顾客人数的方法。

____

____

____

2. 你还可以使用哪3—5种方法来增加服务的人数？

3. 写下你要马上增加的方法、管道。

第二大法则：增加顾客单笔消费的金额

多买一点更划算

倍增利润的三大行销法则，我已经讲了一个。接下来，我将和你分享第二大法则——增加顾客单笔消费的金额。这第二大行销法则，就是要你在跟顾客交易的时候，永远要想办法让他多买一点点。比如，今天顾客可能要购买500元的商品，那你可不可以通过其他的方法让他这一次消费的金额变成1000元？如果顾客一次可能消费1500元，你就想办法让他消费2000元；如果顾客要消费2000元，你就让他消费3000元……记住永远在交易的那一刹那，让顾客多买一点点，让他觉得多买一点，比少买一点更划算。你不要觉得这一切不可能，你不要感到难为情，你只要去做这个动作就对了。

仅仅一个动作就让顾客满载而归，他开心，你数钱，何乐不为呢？

肯德基也很会这个动作，所以他们生意很好，世界各地分店开了一个又一个。因为我不太喜欢可乐，所以每次去肯德基就只点鸡翅吃。可是，每次在我点完鸡翅时，柜台的服务员就会问我："先生，你要不要来一杯可乐？"请问，服务员的这个动作是想干什么呢？很明显，他是希望通过这个动作增加我单笔消费的金额。如果服务员不问，我可能真的就花炸鸡翅的钱。可他这样一问，一旦我同意了，他不就马上增加了一杯可乐的钱吗？后来，我问了服务员可乐多少钱一杯。服务员告诉我："大杯7块，中杯6块，小杯5块。先生，你要大杯、中杯还是小杯？"因为我不太喜欢可乐，所以就要了一杯小的。看，就在这一刹那我的消费金额被增加了，本来只要花鸡翅的钱，现在还要加上小杯可乐的钱。但服务员并没有停止增加我消费金额的这个动作，他继续问："先生，这个月我们搞活动，买中杯免费换大杯。先生，你才加一块钱，给你送大杯。"我一听才加一块钱，就能换大杯的可乐，于是我加了一块钱，要了一杯大的可乐。

你可别小看了这一块钱，里面可是大有学问。现在我就通过这个案例给你分析他们是怎么利用这个动作倍增业绩、倍增利润的。

我本来只要买5块钱的可乐就行了，现在却变成我要花6块钱买大杯的了。虽然这只是增加了一块钱，但这是20%的增加率啊！在一秒钟之内，他们就让顾客的单笔消费金额增长了20%。当然这只是单个的增长率，但你想一下肯德基在全世界有多少家店，他们一天这个动作要使用多少次，你能计算出他们的总利润是多少个20%吗？现在我就和你一起来算一下这个利润是有多么的可观。

虽然肯德基这一秒钟只增加了我一块钱，但是它如果一天用这种方法1000次，那就是1000块钱的额外增加。那么，一个月30天，它就成功地增加了30000块钱。假设肯德基在全中国有1000家店，总部一个促销政策就让他们一个月额外增加3000万元的金额，额外增加3000万元的业绩。但是不管他们有没有增加3000万元，他们一个月的人工、水电、广告费、房租等都已经投下去一样多了，也就是说在成本一模一样的情况下，让你多增加这一句话，多增加这一块钱，就多增加这3000万元，你愿意吗？当然愿意。顾客多给肯德基一块钱，而肯德基多给顾客一些冰块和可乐，你认为一块钱减掉冰块跟可乐的成本，有没有毛利润在里面？当然有。所以永远要在交易的时候，让你的顾客能够选择买更多一点点，让他觉得他宁可多买一点，也不愿意少买一点。当你这样做的时候，你的顾客就愿意掏钱出来，多付一些钱买东西。如果你能像这些大企业一样熟练运用增加顾客消费金额的这个行销法则，你还愁没利润、没业绩吗？

增加服务项目

买过车的人，可能都有这样的经验：你原本预算好了买车的钱，结果在买完车之后，却要比预算多花出好多。当你买完车时，汽车销售员可能会说，帮你办保险、帮你办牌照、帮你办好一点的车牌号等，你一听你觉得挺方便，就全部让他们办了，结果你就多付出了好多钱。后来，他又向你推荐你买好的雨刷，加好天窗，配好一点的音响，换好一点的地毯，加好一点的隔热防爆纸……他还告诉这些才配你的身份，你一听似乎很有道理，结果又多花了一大笔钱。所以你永远在买完车的时候，你会发现你付给他的钱比你预算的车钱还要更高，对不对？**这个世界充满着行销，充满着会行销的企业，他们每天都不断地做这些事情。**

可是，很多企业不懂这点，他们每天都在限制顾客，他们总觉得顾客可能不需要在他们这里买保险，顾客才刚买车，可能不需要雨刷、地毯、音响等等。你所有的这些想法，都是在限制顾客，你不给他更多的选择，就是限制了他的消费金额。对于你来说，你的任务不是去猜想顾客不会买什么，而是要鼓励他多购买点。因为钱是顾客的，又不是你的。你为什么要去预测、限制他呢？顾客只愿意花这么一点点钱吗？你应该多给他一点选择，让他多买一点点，不断地增加，回去要去计算。计算什么？计算你的每月的业绩，从一个人身上平均能得到多少。**总业绩除以交易的次数等于这一段期间内每一次的交易金额。**你认真地去计算出这个数字之后，想一些方法推动下去。只要在下一段时间内，增加了这个数字，单次消费的平均金额就被增加了。因为有人会多买，有人不会多买，所以你要的是平均数。只要这个数字被增加了，你就增加了现金流量，你就增加了业绩，就增加了利润。

提高定价获得利润

肯德基通过增加一元来增加顾客的消费金额，实际上这是一种降价促销策略，而现在我要讲的是反其道行之的另一种策略——定价策略，即通过提高你的产品价格来获得更高的利润。据调查，90%的商家的价格定位都不合理，因此利润也不理想。很多人担心抬高价格会影响销量，有这种担心也很正常。因为价格与销量是密不可分的。不过，你可以通过高明的定价来大幅度提高利润空间。

假设某百货公司的××洗发水单价为19.8元，那么，涨1角钱后，价格就是19.90元，就可以实现1%的涨价。当然，前提是设法让客户相信他们多花1毛钱是买得物有所值的！那么，这些每天从全国各地找来的1角钱都会变成这家公司的利润——不久他们的净利润就会因此而大大改善。顾客对于1毛钱可能并不十分在意甚至没有觉察到，但是1毛钱对于一个企业却意味着业绩。当然，这只是为了方便大家理解而假设的一个例子，到底1毛钱真的会“大大改善净利润”吗？下面给大家列一组资料，相信你看了之后就会明白。

如果你在可口可乐公司上班，那么，提高1%的价格能使你公司的净利润增加6.4%；雀巢公司为17.5%；福特公司为26%……总之，你想增加顾客的消费金额不妨在价格上做足功夫，这同样也能让你的利润倍增。然而，大多数企业却没有这么做。

第三大法则：增加顾客消费的频率

给顾客不断购买的理由

赚大钱的关键除了增加顾客人数、消费金额外，还有非常重要的一个——增加顾客同一段时间内消费的频率。这怎么理解呢？比如，一年内顾客会消费两次，那你就想办法让他消费三次；如果一年内顾客消费五次，你就让他消费六次。如果一个月内顾客来三次，你就让他来五次；一个礼拜来五次就把它变成六次，一天来两次就把它变成三四次。总之，你永远要想法让顾客消费的次数比他预计的还要多。这样就增加了顾客一段时间内回头的次数、回头的频率、交易的次数，你的业绩就会因此变好。

那么，到底有哪些方法能增加顾客消费的频率？方法有无限种，但原理只有一个：给顾客不可抗拒的诱惑，给顾客不断购买的理由。让他觉得跟你做生意多一些次数比较值得；让他觉得多回头几次比较划算。在我们的生活中，很多公司、商家都在用这个原理。你看过无数的会员卡、积分制度、订机票、订酒店、航空公司里程累计，这都是在想尽各种方法，增加你消费的频率。无论是小公司还是大公司，会赚钱的公司都非常擅长这个行销法则。不信，我给你举一个案例看看。

在我读中学时，有一次我看到广告，喝可口可乐集拉环，集满十二生肖的拉环，就可以参加抽奖活动。可口可乐台湾分公司将举办一等奖泰国旅游，二等奖香港旅游，三等奖电视机、烤面包机……他说通通有奖，绝不落空。我一听，就心动了。平时我很少喝可乐，可是那一天我一次买了12瓶可乐。因为我感觉如果十二生肖都被我集中了，我可以有机会参加抽奖活动，最好的奖是泰国旅游，最差也是通通有奖。所以我一日三餐都喝可口可乐，连宵夜也喝可口可乐。可是喝了那么多之后，我还是没有集齐十二生肖，偏偏就差一个蛇。既然这么难集齐，我干脆放弃好了。可是在我准备放弃时，可口可乐又打出广告：正在参加抽奖活动的朋友，请注意，抽奖快要截止了，只剩最后一个礼拜，如果你再不寄来的话，你的十二生肖拉环，就会作废了。我当时一看，就剩最后一个礼拜，就想再拼一把吧。到学校，我买了一箱可乐请同学喝，但是拉环必须还我。

最后，我如愿以偿地集齐了十二生肖，不过只中了一箱可乐。怎么又是可乐？我都已经喝了这么多可乐了，你还送我可乐，害我喝可乐上瘾了。不过想想看，可口可乐那一个月打出这个活动广告之后，让我本来偶尔买一瓶的变成了买几百瓶，这是不是增加了几百倍的消费频率，增加了几百次的回头率呢？假如，当时全台湾有10000人像我一样一个月内买了几百瓶，请问可口可乐台湾公司那一个月的业绩增长了多少？几百倍×10000等于什么？等于利润爆炸式地增长。看完这个案例，你知道你现在的任务是什么了吗？你的任务是激励顾客，让他回头多几次；你的任务是给顾客更好的理由，让他多买一点；你的任务是给顾客多几次选择，让他多交易几次。

开发后续产品

想增加顾客消费的频率，另外一个方法就是要不断开发后续产品。因为顾客不止一个需求，可能一个需要被满足后还有其他需求，所以你要有一个后续的产品供他下次再来购买。就拿我们的创富课来说吧，可能这个月顾客上完我们的绝对成交课程，他觉得不错，想下个月来上我们的赚钱机器课程。当顾客对这两个课程满意的时候，他可以继续报名上我们的总裁行销班。可是，如果我们只有绝对成交一个课程，那即使顾客对我们的课程再满意，他也无法再来我们这学习其他课程。再比如，你是开西服店的，今天有一位顾客买了你的西装，他很满意，所以他就想下次过来买一条领带。结果，你店里没有卖领带，那下次顾客是不是就不会再来了呢？所以，你想增加顾客来消费的频率，你就要有后续产品吸引他不断来购买。

总之，你卖一个产品之后，如果顾客满意，你要有另外一个产品卖给他，让他持续地消费。

卖别家的产品

很多人认为卖别人的产品或者竞争对手的产品是一件不可思议的事。其实，这种做法也是增加顾客消费频率、提高利润的好方法之一。

假设你的产品不适合一个顾客，你可以把这个顾客推荐给其他公司或者竞争对手，他们给你介绍费，同样的资源可以用在不同的地方。比方讲，今天我们在推广创富课程，可是有很多老板还想参加一些网络行销课程或者企业家法律修炼课程，但是我们没有这方面的课程，怎么办呢？我们是不是可以和这方面的专家合作呢？当然可以。那就是邀请他们来讲课或者推荐顾客上他们的课程。这样，顾客觉得在你这里购买产品很方便，不费周折还能买其他公司的产品，无形中就增加顾客上门消费的频率，而且你还赚到了额外的钱。顾客也会因为你产品种类多样而多次光顾。

多联络顾客

其实，行销学就是一种人际关系，而你和顾客的关系就是你最重要的资产。所以你要和顾客维持良好的关系，不断地联络。你越跟顾客联络就会使你们关系越好，可能顾客会因为你的关系又跟你买一些产品。即使他暂时没有需要，如果他的朋友有需要，可能顾客也会因为你的服务和关心而介绍他的朋友去购买你的产品。

增加顾客消费频率的方法有很多，只要你肯思考，就会想出许多方法来，你的业绩、利润也会无限地提高。行销就是这样一个不断思考的过程。

第四章　拓展行销思维模式

如何让利润爆炸式地增长

在上文中，我就讲了三大倍增利润的方法，只要你运用了其中的任何一个，你的业绩、利润都会倍增。而这一章要讲的方法是在这三个的基础上发展而来的，所以在讲本章的重点之前，我们一起来回顾一下前面的知识，以便理解接下来要讲的内容。

比方讲，你一个月能开发100个顾客，现在要你每个月多开发30个，应该不难，对吧？用顾客转介绍，还是多用电话行销，还是跟一个网站合作，还是多发一些传单……有很多方法。现在你就立刻拿出笔和纸写下所有你能想到的增加顾客人数的方法，然后试试看。说不定增加不止30%的新顾客人数。如果能做到的话，在下个月就等于增加了30%的业绩、现金流。第二个方法是增加顾客消费的金额。假如我不允许你用第一个方法和第三个方法，也就是你不要增加人数也不要增加他们回头的频率，只增加他们现有的购买金额。举例来讲，你一个月的业绩是100万元，那么你算一下100万元是100个顾客100次交易购买出来的等于一次交易金额平均是多少？1万元。如果现在要你增加30%的金额，也就是1.3万元。那你应该怎么办呢？你就多想一些奖励政策，多想一些套餐方案，多去联想一下顾客还需要什么。如果你做到第二件事，增加了30%的购买金额的话，你等于又因为学了这门课倍增30%的业绩、利润、现金流，对吧？如果第一个方法增加人数我不要你用，第二个方法增加顾客单笔消费的金额你也不可以用，只允许你用第三个方法增加顾客回头的频率，把回头率增加30%。比方讲，他一年才来你这消费10次，你就想办法让他一年来13次。不管你是用积分、用会员卡、用赠品，还是增加产品项目、增加服务项目、增加吸引他的活动，只要你去用，一定有增长率，最害怕你不用。如果你用到了第三个方法去增加30%的回头率，你就增加了30%的业绩、利润。

这三个方法单独使用都能倍增30%的业绩，如果三个方法一起使用、综合使用，结果会怎么样？答案是爆炸式地增长。什么意思？金钱如浪潮般向你涌来，你挡都挡不住。

举例来说，有一次，我和几个朋友经过一条步行街，看到一家服装店的门口围满了人。我们很好奇，就走过去看个究竟。原来，有人正在发麦当劳的免费消费券。每张消费券上面都写着：往前走150米，在麦当劳餐厅消费任何食物，送炸鸡翅一对。看到有这么优惠的活动，我们不想错过，于是就跟派单的人要了几张免费券。拿了免费券，我们就直奔麦当劳餐厅。一看，吓一跳，排队排到门口来了。尽管有这么多人在这里排队，我还是要排下去，因为免费的力量大。我排队排到柜台的时候，服务员就问我："要点什么？"

我马上就问他："我是不是凭这张小票可以免费得到一对鸡翅？"

他说："是的。你只要点任何一道食物都可以给你一对鸡翅，即使你点最便宜的。"

一听到点最便宜的也能免费得到一对鸡翅，我就问："你们店里什么最便宜？"

他说："要不你来一杯小杯的可乐，才5块钱。"我就点了一杯5块钱的小杯可乐。他真的给我端了一杯小杯可乐，还送了我一对鸡翅。我心想：5块钱能买到一杯可乐加一对鸡翅，这真是太划算了。

这时，他突然又说了一句："先生，其实你只要再加10块钱就能得一个双层汉堡，原价19块钱。此外，我们还会送你价值400多元的赠品。"

我一听400多元的赠品，马上就点了一个汉堡，反正到中午了，多吃一个汉堡也才多花10块钱。

请问，免费的力量是不是很大？那一刹那，我本来只要消费5块钱的，却变成了15块钱，增加了我10块。你不要小看这10块钱跳到15块钱，这个增长率是200%。200%增长率才一句话。我再强调一次，不论你投入多少固定的房租、固定的人工、固定的广告费，你都已经投下去了。你有没有增加这10块钱，你今天的所有费用，开发这个顾客上门的所有费用都一模一样。你为什么不去多讲一句话，给他多一个选择，让他多买200%的金额呢？

点完餐后，服务员送了我一本月历，他说价值400多元的赠品就在这本月历里面。

回到家里，我马上打开月历来看，突然看到来年的1月份（那时刚好是年底）右下角有一句话：撕下本券，在1月份之内到麦当劳餐厅消费，就免费赠送薯条一包。我一看到有这么好的事，就把这一张单子撕下来，放在身上。到了1月份，我到处找麦当劳，为的就是赶快把这包免费薯条换到。后来，我真的拿这张小票去了麦当劳，还问了服务员是不是有免费薯条送。他告诉我，只要我点任何一个套餐就能免费得到薯条一包。听他这么一说，我就点了一个炸鸡翅套餐。他也真的送了我一包薯条。

到了2月份，我又在月历上看到了这样一句话：本月凭本券到麦当劳餐厅消费任何套餐，免费送双层汉堡包一个。免费的力量实在是太大了，又一次把我吸引到麦当劳餐厅消费。我撕下2月份的免费券，又到处找麦当劳。找到麦当劳后，我又点一个套餐，他又送我汉堡。后来，我回到家里把3到12月份的月历都翻一下，也都有礼品送。只要我每个月去麦当劳消费一次，买套餐就有礼品送。每个月都有我喜欢吃的食物，所以那时候我就把那些免费券全部撕下来。算了一下，果然超过400块钱。原来他说送我400多块钱的礼物，就是送我这个礼物。此后的几个月，我都拿着免费券去麦当劳餐厅消费。唯独可惜的是4月份，我因为太忙没去。到了5月时，我拿着4月份的免费券想去换我最喜欢吃的东西，服务员却对我说："先生，对不起！现在是5月，你只能用5月的免费券。对不起，下次早点来。"我一听，很气自己把此事给忘记了。

"下次一定要早点来"，顾客因为没有买到自己想要的东西倒还会生气。如果你做生意做到这个程度，请问你发了没有？顾客按时来购买，如果你做生意做到这样，你发了没有？我本来一年只去一次麦当劳的，可是因为他们那个月历让我去了11次，增加了我10倍的消费频率，而且每次我还会带朋友一起去。

案例我就讲完了，不知道这个让利润爆炸式增长的道理你明白了没有？现在我就借此案例，把这个方法分析一下。麦当劳把增加人数、金额、频率三件事一起做，它利用在街头派单子、送鸡翅的这个钓竿把我钓去麦当劳。这是在增加人数。到了麦当劳排半天队，叫我多买一个汉堡，然后加了10块钱，200%的增长金额。这是在增加我的金额。然后我得到月历回家以后，每个月又想去一次，最终去了11次，这是在增加我回头的次数。并且它不止增加了我一个人的，和我一起去的朋友也被增加进去了，你可以想象这个利润是怎么样的。麦当劳只是在年底推出一个方案，把这三件事一起做好，架构好这个行销系统，网鱼的系统就使它整年度业绩爆炸式增长。你是否也应该在每个季度或者年度为你的企业架构这样的一个系统呢？

假如，今年你就开始为你的企业架构这个让利润爆炸式增长的系统，也就是同时让人数、金额、频率各增加30%。你告诉我，如果这三件事一起做到的话，你明年的业绩比今年增加了多少？你可不要告诉我是90%的增加，这不是加法，是乘法，是超过100%的增长。不信，我提供一个公式给你，然后你根据自己的实际情况去计算一下。这个公式是：年营业额=客户数量×单次的消费金额×年消费次数。根据这个公式你能算出明年你的业绩将增加多少吗？

如果你还没有算出来，也没关系，现在我们一起来计算下面的一道练习题。可能通过下面的具体计算，你就能明白它到底是怎么算的，此外这个练习也能加深你对这个知识点的理解。

公式：年营业额=客户数量X单次的消费金额X年消费次数

假设你现在的客户数量是2000个，单次在你这里消费的金额平均是300元，每年平均每个客户在你这里消费5次，那么你的年营业额就是300万元。

请问，增加我们的业绩，我们有没有办法在每个项目上增加一点点，我们可以不可以想想办法在原来总共有2000个客户的基础上增加20%？我们有没有销售系统的支持可以使客户每次来消费时的消费金额再增加20%？我们有没有吸引力或者政策可以让每年消费的次数增加20%？

算一算，如果在每个基础上增长20%，全年的营业额就变成了518.4万元，年总营业额增长了72.8%。

如果在每个的基础上增长30%的话，你想会是多少呢？年总营业额将增长119.7%！这是超过百分之百的增长，真是不可思议！

你觉得这个增长让你满意吗？如果你还觉得不够，你就继续在每一项稍稍一增加，你的业绩就会爆炸式地增长。而关于每项的增长方法你可以对照我前面所讲的去做，现在你最关键的就是将倍增利润的三大方法综合运用起来。一旦你能将它们一起使用，到时候你的业绩、利润可能不是百分之百的增长了，有可能是200%，甚至是300%的增长了。

无限的思维创造无限的可能

只要将你的顾客人数、顾客消费金额、顾客消费频率各增加

30%，你的总业绩就有超过百分之百的增长。一看到这里，可能很多人会兴奋不已，决定把这个让利润爆炸式增长的方法马上用到他的企业中去。但也有人会质疑，觉得我讲的这些方法好像不适合他们的公司，不适合他们那个行业。因为我讲的都是一些零售品、消费品、服务行业的，而他们是制造业的、卖房子的、卖汽车的、搞装修的、生产零件的，所以我讲的这些不适合他们。在这里，我想告诉你的是绝对适合。不管什么行业，都能做到。全世界成功的企业，也都在用这些方法。如果你做不到，那是因为**你有限的思维，造成了你有限的结果。**

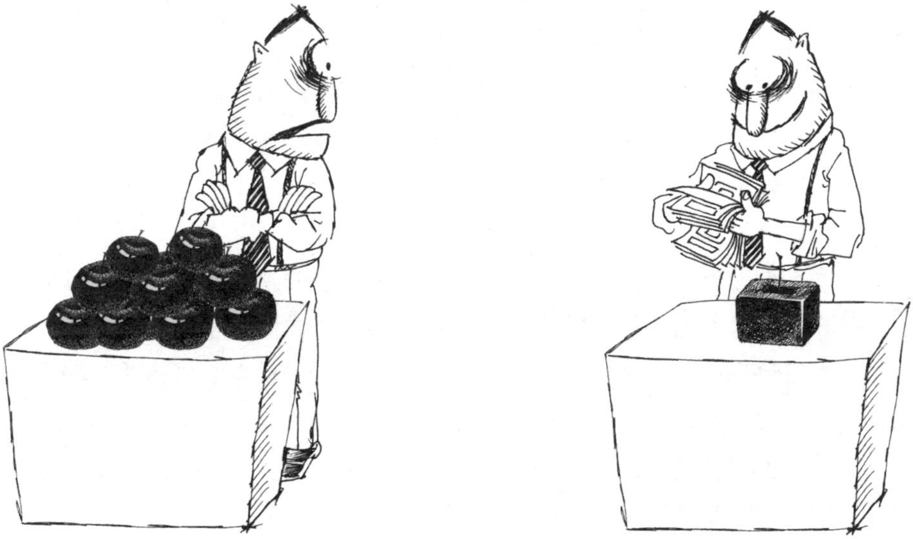

多年以来，你一直用这种局限性的思维在做你的生意，所以一直以来你的生意没有突飞猛进的感觉。是你限制了你自己的财富，其实你可以比你想象的更有钱。你可以把你巨大的财富潜力挖掘出来，但你一直用这种有限的思维把自己框在赚小钱的范围当中。想象一下，这边有一条水平线，你在水平线前面徘徊了很多年，苦苦无法突破。你一直在一个瓶颈前面，撑了多少年了。之所以会有这样的惨景，是因为你有限的思维。只要你能找到一个突破口破茧而出，只要你能穿越临界点，你就会看到水平面以外有巨大的财富等着你，绿油油的青草地等着你，海阔天空等着你。只要你用开放性的思维去想你生意中的任何一个环节，做一点小小的改变和创造，你就会发现你穿越临界点后，你的业绩大幅度超过你产业中所有的竞争对手。

想象一下，这边有一群生意人，你的眼光开始只看到同行。这就是你超越不了同行的原因，这就是你没有突破的原因。大部分的生意人都在考察同行，所以同行用的方法都差不多。你总用老方法去做同样的事情，当然无法胜过同行。要怎样才能穿越临界点，超出你目前经营的局限？答案是要去考察不同的行业。为什么这么多不同的行业老板齐聚一堂来上我的行销课，而我的行销课却对每个行业有用呢？因为这些原理是从每个行业提炼出来的法则。所以你一旦在你生意中套用这个法则，你就发现你的同行不用，你一用就出现好效果。

举例，美发业要去看房地产业怎么做行销的，房地产业要去看美容业怎么做行销的，美容业需要看服装业怎么做行销的，服装业要考察培训业怎么做行销的，培训业要考察娱乐业怎么做行业行销的。如果你只考察同行，你永远无法超越同行；如果你考察不同的行业，把别的行业的点子、模式、方法、灵感搬到你的行业来用，对别的行业来说是老方法，但对你的行业来说就是新方法。一旦你用了你同行不懂的、不用的，你的行业从来没有人用过的方法，你就穿越临界点突破瓶颈，立刻看到新的世界、新的商业机会。**行销是无限的思考，无限的可能。**千万不要用限制自己的话来回答。我讲过的这些方法，你要想办法用在你的行业上。只要你去尝试了，就会突破和有意外的收获。多年来，广告公司都是用同样的方法代理广告版面，代理媒体时段，然后找企业出钱来做广告，经过策划加工，经过代为投放广告赚取利润。可是有一个人用无限的思考，打破广告的传统模式。

有一天，这个人在电梯口看到他心爱的香港女明星——舒淇。他看得很入迷，进了电梯后他还在惋惜不能继续看舒淇。就在那一刻他突然想到：电梯里面从一楼到二十楼这么无聊，为什么不能架设一些播放的广告呢？我的广告公司就来做这件事算了。于是他开始自行在全国楼宇、全国电梯、全国写字楼、全国宾馆、全国的酒店、电梯口等地方装上播放广告的电子屏幕，就这样，分众传媒开始超越所有广告同行，变成了突破性的一个商业传奇。这就是一个突破思维限制的案例。突破，就是没有人想到过。你有限的思维让你老做同行在做的老事情，你就超越不了同行。你要做别人不做的事情，从外面找点子，而不是在你同行业内找点子。

我再举一个例子。所有的搜索引擎，当年研发者都是想办法让它的点击率越高越好，所以他们就想方设法登载各式各样的笑话、短信、新闻、照片来吸引大家浏览。像雅虎、新浪等网站都是这样做的，也只有人流量越高，免费搜索，免费看这些文章才能使这些网站很值钱，可以收取更多的广告费。它这个模式收广告费，所以要把广告放在首页飘来飘去，让别人点击或者弹出来一个框让别人点击，或者闪闪发光让别人点击。大家都在这样做，突然之间有一个网站，它穿越临界点，它超越同行的做法，它突破瓶颈。他想说，我不要让消费者在花花绿绿的网页上到处躲避广告、关闭广告，到处查找资料。我的首页全白——Google，你想搜什么，就搜什么，进去按照链接排名、厂商付费。所有英语老师都在用传统的方法教英语，开英语培训班，当家教，做自己家庭附近的生意，小区的生意或者城市的生意，忽然俞敏洪全国复制连锁店的经营，早就上市成功。所有行业都可以用行销的思维。这三大原则及其综合用法，都只是一个开始，你不要限制自己的头脑，你就有机会去创造出你意想不到的成就。

第五章　短期倍增业绩的九把铲子

第一把铲子：先打平，后赚钱

在行销的领域当中，有长期的行销和短期的行销之分。事实上，长期的行销就是要打造你的品牌地位、品牌形象，让你成为同行中的第一品牌。只要你是第一品牌，你就会吸引所有有需要的准顾客，占领目标市场，潜在客户会主动考虑到要跟你做生意。但是品牌行销这个长期的任务需要分成短期的任务，就是不断让产品畅销、倍增业绩、倍增现金流。而在这一章当中，我主要先集中精神教你怎么样达成短期的行销目标，也就是倍增业绩所有的原则、方法、工具、步骤。而关于如何打造第一品牌行销的原则将在下一章详细给你讲解。

计算顾客的终身价值

现在要跟大家分享短期倍增业绩的第一把铲子——先打平，后赚钱。“先打平，后赚钱”就是在顾客首次购买时，你要给他更多的让利，甚至是低于成本卖给他，通过这种方式吸引他不断来购买，然后你再赚他购买后续产品的钱。在实施这个策略前，你先要算出顾客的终身价值，也就是计算每个购买者未来可能为企业带来的收益总和。为什么要去计算顾客的终身价值呢？

因为你跟任何一个顾客做完一次生意后，都不可能就此放弃他，你一定希望他继续跟你做生意，你肯定不止希望他来一次、两次、三次，你甚至希望他一辈子都来跟你做生意。所以，你要去计算你的顾客的终身价值是多少，然后根据他的终身价值再去算你要花多少成本去开发这个顾客。

例如，保险非常难销售，所以保险公司就用高佣金激励业务员去开发顾客。一旦业务员开发了顾客，收到一笔保费后，保险公司不仅要给业务员发奖金，还要给高额的提成，有的公司甚至发50%—100%的提成。开发一个顾客就花去了这么多钱，那保险公司赚什么钱呢？

保险公司赚的是后续的钱。因为它计算过，顾客第二年会续缴，第三年会续缴，第四年还会续缴，但相对地，随着续缴的时间越长、次数越多，它发给业务员的提成比例却越小，所以保险公司赚的是后续的钱，赚的是顾客的终身价值。所以，在开发一个顾客时，你要去计算他的终身价值是多少。算出来之后，你要再算一下这个顾客第一次通常会花多少钱去购买你的产品。然后根据顾客的终身价值及其初次可能消费的金额，计算一下你愿意花多大的成本去开发这个顾客。如果开发这个顾客的成本大到你没钱可赚，你也不要怕。你要想到他一旦体验了你的产品之后，就会持续跟你买东西，那你赚的就是第二次、第三次、第四次、第五次的钱了。这种行销策略叫做前面先打平，以后再赚钱。它也是增加顾客人数的一种方法。为什么这样说呢？

如果你前面先把门槛设得很高，你前

面就想赚钱的话，虽然你的利润空间被你保护住了，但由于客户犹豫不决，最终无法体验到你的生意带给他的好处，所以入门的人就变少了。这样，虽然你前端开发市场多赚了一点钱，但是因为入门的人变少了，你后端也赚不了多少钱。所以你一定要先算出顾客的终身价值，再考虑前面先少赚一点，未必是打平，然后到了后面的交易，你再多赚一点。下面我就举个例子来帮你理解这个观念。

我以前常常在我家的信箱里看到很多大型商场寄来的广告宣传单。广告宣传单上面写着：首次来办卡的顾客、首次来购买的顾客，可以享受超值优惠。买电视机只要400元，买洗衣机才300元，买笔记本计算机只要1000元……并且都是限量供应的。一看到这么实惠，我就抱着占便宜的心理去了大型商场。大型商场里果真有卖电视机、洗衣机、笔记本等超低价商品，于是我就办了会员卡买了他们的东西。

请问，这个商场卖这么便宜的产品，它会赚钱吗？可能它第一次卖这么便宜的产品给我，不会赚到钱。但是我因为办了它的会员卡，就有可能以后会再去买东西或者我当场买了电视机后会顺便买其他东西。他们就是通过这种超低价的方式吸引我上门去购买，然后就赚我买其他产品的钱或者赚我后面再次购买东西的钱。对于他们来说，这些特别优惠的产品只不过是吸引你上门的鱼饵、钓竿，再说这些所谓的超低价产品，可能就是成本价，所以他们不会亏本。所以这“先打平，后赚钱”的策略可以让你前端的顾客入口量越来越多，然后你就赚后续的钱。

增加前端顾客人数的方法

接下来，你要去计算你的顾客一生当中，会跟你交易的次数、金额。你预测一下大概是多少销售额，然后再去计算这个顾客跟你做这些交易而让你产生的总成本是多少。然后这两个数字相减就等于你这个顾客的终身价值。我只是粗略地讲了一下这个公式，事实上你可以请你的财务帮你算。当你算出这个价值后，你只要用小于这个终身价值的费用去开发顾客，都是值得的。

比如，一个顾客这一生可以让你从他身上赚到3万元。假设这3万元是利润的话，那让你花5000元去开发这个顾客，你觉得值不值得？当然值得，即使在一开始让你倒贴5000元都值得。因为你后面可以赚他3万元，这样子相减你还赚2.5万元。如果你不用倒贴钱的话，你第一次可以卖便宜一点。也就是让你的产品价格低到比同行还要更低，这样就可以吸引到大多数人跟你做生意。虽然你现在没有赚到钱，但你后面能赚3万元。所以你计算出顾客的终身价值后，就可以用降价的方式来吸引顾客购买。因为“先打平，后赚钱”这个策略的一个重要元素就是降价。当然，增加前端人数的方法除了降价还有很多，比如，免费、广告、奖励业务员等，我现在举一些例子跟大家分享。

你如果不想用降价的方式来吸引顾客，也可以用免费的方法，因为免费的力量大，它同样能帮你吸引大量的购买者。比如，你的产品价格保持不变，但你给顾客双份的产品。顾客一想到别家只能买到一份，而到你这家却能买到两份产品或服务，就被你吸引上门了。为了吸引顾客，你多给他一份产品，虽然你没赚钱，但顾客体验到你的产品的好处后，就不断跟你购买，所以你赚后面的钱，你的投资得到了回报。

或者你把赚取顾客的钱当成是开发市场的行销费用。比如，你这个月开发新顾客100名，每个人跟你成交的金额均为1万元，那你这个月的营业额就是100万元。扣掉成本后，你这个月的毛利润就是30万元。如果这个月的新顾客量也就这么多，但你又希望下个月的顾客会增加，那你就可以把这30万元拿去打广告，摆展位，聘请更多的行销专家，奖励给经销商……让他们帮你开发更多的新顾客。因为这个策略，你第一次赚到的钱没了。但也因为这个策略，市场上将有更多的顾客要来跟你做生意。可能你会觉得这样你赚不到什么钱，你要知道只要前端的人数增加，你后面就能源源不断赚到更多的钱。

如果前面几个方法你都不想用，你也可以把利润拿去奖励给业务员。比方讲，你一个产品的售价为100元，成本50元，业务员每销售一个产品就可以获得20%的佣金，也就是20元，那你就可以赚30元。但你为了获得更多的新顾客，你就跟业务员讲，给他发50%的佣金，但是新顾客量要翻倍，不然就拿不到这么高的佣金。在利益的驱动下，业务员就更加努力寻找新顾客。这样，你前端的顾客量就倍增了。为了奖励业务员，你没有在第一次开发顾客中赚取到你本来要的利润，但因为后面有更多的顾客要跟你做生意，所以要赚取的利润就在后面了，并且到了后面你也不用再奖励业务员这么高的佣金，最终你赚到的是终身价值的利润。

关于增加前端顾客人数的方法有很多，但是不同的方法，同样的原理，都是为了先打平，后赚钱，赚取到顾客更多的后续价值。

行动步骤

第一，请你现在就去计算你顾客的终身价值。用财务、科学的数字化的收入减掉成本之后，你认为他会买几次，把这个时间拉长来看，然后把顾客的终身价值算出来。

第二，用什么方法把门槛降低，吸引更多顾客进来。如果你觉得这个终身价值是不错的，总收益挺可观的，你就想想看用什么方法把门槛降低，吸引更多顾客进来。你第一次没赚钱，但是你可以赚到后续的钱。

第三，请你去用一个小规模的地区，试试看。为什么要去小规模的地区或者小市场试试看？因为一个新出来的策略，没经市场考验，你就大规模推广、使用，那你的风险就很大。而小规模的市场，动作小一点，即使你的这个策略不可行，影响也不大，损失也不大。所以当你有一个新策略推出时，你就要先去小规模的地区试验，看是否真的如你所推理的一样。如果经过测试证明是有效的，你再把这个政策大力推广出去。

总之，“先打平，后赚钱”的策略，就要你在前面尽量给顾客更多的实惠，这样后面才能赚到更多的钱。因为这个策略让你增加了前端的顾客人数、消费频率和金额，所以在后面你能赚到更多的钱。

第二把铲子：独特的卖点（USP）

什么是独特的卖点

当今的竞争日益明显和激烈，你要在激烈的市场竞争中成为大赢家，独特的卖点就是你最大的优势和核心竞争力。一流的企业都很擅长提炼其独特的卖点，这也正是他们在竞争中立于不败之地的重要原因之一。那究竟什么是独特的卖点呢？它指的是只有你有，别人都没有的产品或服务；只有你能提供给顾客，别人都提供不了的好处。而这个好处是对顾客有利的，也是顾客很想要的，并且是别人做不到的，只有你能做到。

举例来说，所有Pizza店都设有外卖，但没有一家能按时把比萨送到顾客手中。更有甚者，把凉比萨送上门。顾客对此有极大的不满。于是达美乐建立了一套系统来消除顾客的这种不满，并向顾客喊出这样的口号：“30分钟内送达，否则免费。”达美乐提出的这个卖点很吸引顾客，因为不管在哪种情况下，对顾客只有好处，没有坏处，顾客就很乐意打电话去订购比萨。而这个独特的卖点，是别人做不到的，也是别人不敢承诺的。所以凭着这个独特的卖点，达美乐在全美国以至全世界迅速地发展起来。

如果你的公司想要在市场上成为拔尖的公司，你的公司想要在市场上成为数一数二的公司，你就不应该再用那些平淡无奇的做生意方法，你就不应该再用那些跟同行一样的方法。你应该让自己能够勇敢地做一个顾客很想要，但别人做不到，甚至不敢做的承诺，这样才会让你迅速地在竞争中脱颖而出。

如何发展一个独特的卖点

既然一个独特的卖点能让一个企业独树一帜，那你要怎么样去发展一个独特的卖点呢？首先你要学会询问。你要经常去和顾客谈话，问他：你为什么跟我买东西？你买我的东西最希望得到什么呢？你为什么跟我的竞争对手买东西？你买他的东西是为了什么？你买A公司、B公司、C公司的产品，是看中他们什么？这可以帮助你了解你的顾客的需求和你的同行正在提供的产品，并从中找出一个你的顾客特别想要，而你的同行还做不到的卖点来。如果这个异于其他人的伟大卖点被你找出来了，你就要努力把它发展成一个最独特的卖点。它要适合你们公司，适合你们的市场，而且要有别于你的竞争对手。

举例来讲，沃尔玛把它的卖点放在低价上面，所以它的口号是“天天低价”。他们不希望让你感觉他们的产品会比别人贵，他们甚至要承诺、保证最低价比同行更低。如果你在别的地方买到比它更便宜的东西的话，它要对你负一定的责任或者承诺赔偿。沃尔玛找到他们伟大的卖点，天天低价、最低价。如果你也是做百货的，那你的卖点又是什么呢？是不是要像沃尔玛一样天天低价才能做成生意呢？如果你也跟别人一样，那就不算是独特的卖点。其实，你可以定位在你的品种最齐全或者你的服务年限最长久、服务网点最多，你可以把你的卖点提炼成最高贵、最稀少或者质量最好、最快速、效果最佳。总之，你一定要找出一个卖点是目前你的同行没有在做的，这样才能让顾客要买的时候选择你，不买的时候也会记得你。任何一家成功的企业，都有其独特的卖点来吸引顾客自动上门购买。

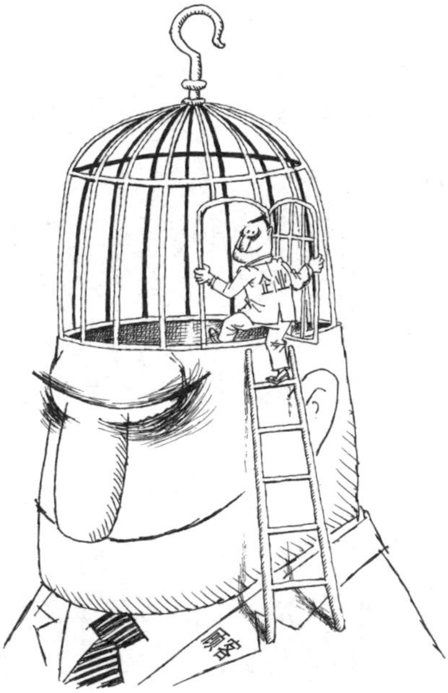

但是，市场上大部分的生意人、商家并没有花时间去为他的企业塑造一个独特的、有差异性的、异于竞争对手的、令顾客惊喜的卖点，他们只会一天到晚到处招揽生意。这样做生意会非常辛苦，非常累，顾客不仅跟你买东西的意愿小，而且还记不住你的产品，更别说对你有什么深刻的印象了。**大企业都不是在卖其产品，而是在向顾客卖其印象。**顾客之所以对你没印象是因为你缺一个独特的卖点，你不懂得找一个空白市场去宣传。

现在我就告诉大家一些发展独特的卖点的具体步骤。

第一个步骤：有哪些卖点可以提供呢？在提炼唯一的卖点之

前，你先要将你所有的卖点都找来，然后再比较、评估哪个才是最独特的。下面我给大家提供几个找卖点的方法。

第一个方法：有更多的选择或者有最多的选择，也就是你提供的选择方案是最多的，比如价位上的选择、品种上的选择、功能上的选择。假如，你的卖点是货品最齐全，那么那些想省事的顾客就会选择到你这购物。因为在你这里总可以买到适合他的商品，他就没必要再去别家买了，还免受路途颠簸之苦。或者是你提供最低的折扣。既然是最低折扣，那所有要省钱的人就只选你，不选别人了。一旦你找到你独特的卖点，你就抢到了一个特定的目标市场，你就找到了你在市场上的立足点。除了从品种、定价上找卖点外，你还可以从服务上找点子。比如，你能够提供某种专业意见，提供某种事前的咨询，提供某种事后的协助。或者你有超值的附加服务让顾客用得更安心和放心，或者提供能帮助他把要做的事做到更好的特殊服务。举例来讲，你的公司是一家计算机软件的咨询公司。有顾客前来咨询，但这是一种新型的服务，他又担心你不能解决实际的问题，所以很犹豫。这时，你就要免费先为他公司诊断，直到他回去解决了实际的问题，满意了，再付你钱。说不定你提供这种特殊的让顾客安心，让顾客得到帮助的服务，也是一种你发展独特的卖点的方法。

第二个方法：能够提供更多的方便。例如，地理位置最方便。也就是你的产品都是在顾客最轻松、最省时、最省力、最省钱的时候，可以买到的。比方说你是送货到家的，别人30分钟送到，你就提出10分钟内送到。如果你能发展出这样的卖点，并让全公司整个管理都按照这个承诺去做，你立刻就抢到你的立足点。因为这个卖点，市场上别人做不到，你做得到，又是顾客很需要的，所以你就成功了。

第三个方法：最高级的产品或最高档的服务。

第四个方法：最快捷的服务或者是比正常范围更长的担保保

证，或者是其他更明显的配送好处，送的品种最多。我刚刚举的例子，都是你可以发展出独特卖点的方法。总之，你只要专注在一个别人提供不了的缺口上，然后对顾客承诺，就能成为市场上的第一。其实，你专注的点越窄、越明确、越小，越有利于你的生意的发展。但是我要提醒大家的是，如果你要选择的卖点连你自己都不相信你能做到，连你自己都不相信你是最高档的、你是货物最齐全的、你是最便宜的、你是最方便的、你是最快速的、你是能提供专业意见的，那我劝你就不要宣传这个卖点。因为你自己都不相信的东西，只会让你的情况变得更糟糕。

第二个步骤：在宣传你的产品或服务的时候，卖点要提炼成一句话。这句话越简单越好，要说清楚，要讲重点，不要在你的卖点上花太多的文字，才能让顾客听懂。如果能做到一句话一针见血，那是最棒的，就像沃尔玛天天低价，就像海飞丝可以去头屑……

第三个步骤：找到你的支点。假如你要发展两个以上的卖点，你就要考虑清楚建立多个卖点会不会跟其他人重叠。另外，还要考虑这多个卖点，你全公司的人是不是都能够记得住，并做得到。如果你不能做到，就不要轻易去发展那么多个卖点。其实，你没必要讨每一个客户的欢心，再说你的产品或服务也不可能适用于每个人。想要高价位的消费者和想要低价位的消费者根本是两种人，你不需要同时讨好这两种人，要不然你会弄得四不像。事实上，成功的独特卖点都是因为赢得了市场上的某一顾客群体。所以，重要的是你要明确你想要满足哪一部分顾客群。

第四个步骤：测试你的卖点。假设你真的要采取两个以上不同的卖点，但你又不知道要卖高价好还是卖低价好，要以服务至上好还是要以质量至上好，还是要以折扣大至上，那怎么办呢？答案是成立不同的事业部，成立不同的品牌，让两个部在市场上运作，然后跟进结果测试到底哪一个能为你创造最大的业绩和利润。可能你会觉得这个方法很麻烦、复杂，但你仔细想想看现在是创业阶段，难道你不是身段更灵活了吗？因为船小好调头。你现在趁小就试试看哪一个卖点，能真正创造最大业绩，然后在这个卖点上面花最重大的资源去扩大市场占有率。假设今天你卖牙膏，你不知道要卖洁白好还是卖防蛀好，就都试试看。你卖洗发精，你不知道要卖去屑好还是要卖乌黑亮丽好，你就都试试看。你卖饮料，你不知道要卖罐装好还是瓶装好，你就都试试看。只要你用不同的事业部门去测试，你就能跟进结果。

第五个步骤：随计划起舞。随计划起舞指的是一旦你确立了一个独特的卖点，你就要去推广它，让你公司的人，让全市场的人都知道。有一个百货公司开发出一个独特的卖点：品种最齐全，折扣最低的，然后就在报纸上、电视上打出整版的广告，并不断地宣传、不断地证明他们是最低价，而且品牌是最全的，还表示愿意为顾客提供便利的服务，同时让他们可以打电话来订货。但遗憾的是当客户打电话进来时，总机小姐对这次活动一无所知，因为没有一个人通知她这个消息。结果是：客户被激怒，行销失败。原来，这个公司的策划主管，把方案推广出去后，没有及时通知总机小姐，以至于总机小姐一问三不知，才会使这个计划整个都失败了。为什么呢？因为这个主管没有让全公司人一起随计划起舞。如果你有一个推广活动要推广你独特的卖点，开始要让整个市场造势活动起来了，你怎么可以让公司的任何一个人不知道而做错事，还希望这个卖点能够成功？所以卖点不是用来宣传的，卖点是宣传完还要做的。所以你全公司上至董事长下至接线生、总机小姐服务员、客服人员、销售人员，都应该相信，拥抱并且亲吻这个卖点，并且愿意投入为公司去达成这样一个伟大的诺言。假如你是把卖点放在服务上，你就不能一天到晚只办一些销售活动。你必须要多办一些让顾客感觉超值的服务活动。你应该去吻合你所宣传的方案，言行一致，才能得到顾客的认可。

第六个步骤：把卖点做深做透。一旦你发展出这个独特卖点之后，你就更有希望让一个顾客重复跟你购买。要让顾客脑海里面一想到有某一种需求的时候，第一个想到你。你一旦发展出独特卖点，就要把这个阶层的顾客，把这个目标市场的顾客人群就做深做透。那么他会持续不断地只跟你买东西。比如要买低价东西的人就记住沃尔玛，而不会记住要去更贵的搜狗百货。比如要穿高档服装的人，要穿名牌服装的人，要拿名牌皮包的人，就只记住要去某一个百货买路易·威登，而不会去其他商场买一些比较一般的大众品牌。因此独特卖点越鲜明，顾客的忠诚度也就越高，打造品牌印象能力也就越强。

行动策略

无论多好的方法、工具，你学完之后，一定要把它用到实际中，才能产生效果。现在我就一步一步地教你怎么利用上面的工具和方法发展出你独特的卖点。

第一个步骤，请你列表一下你最想提供给顾客的所有卖点，也就是顾客最想要的。你认为可以提供的卖点，你相信你能做到的所有，你愿意去做的所有。比如低价、高档还是服务，还是承诺最快速，还是结果能够帮顾客做得最好，还是地理位置最方便。

第二个步骤，要对比一下你的竞争对手做到了哪些。比如，你A同行做到了什么卖点，B同行他为什么能够吸引顾客，C同行他承诺什么卖点，D同行他做到了什么。接着把你这些竞争对手已经做得比你好的、他已经能提供给顾客的好处，通通删除掉。你不要向顾客承诺跟对手一样的卖点。

第三个步骤，去想一想看你有哪些你特别喜爱的厂商、供货商、品牌，你曾经去过什么地方买东西。你当消费者的时候，哪一家特别让你中意，请把这些也列出来，并写出他们吸引你的原因，也就是让你站在顾客的立场来思考。当你这样全方位、多面思考，想自己，想对手，又想顾客，都想完之后，最后你所要做的是跟公司的人开会，看谁愿意去执行哪一项、配合哪一项、推广哪一项，再向顾客进行问卷调查，看看哪一个是他们投票率最高的。

一旦你凝聚出一个独特的卖点之后，就把它加进你的宣传计划中，配合你的管理部门一起去对你顾客实现这个伟大的诺言。只有对顾客实现了这个诺言，他才相信、支持你。这样的案例你应该看到很多：联邦快递隔日送达，否则免费；麦当劳强调60秒内，为你点餐完毕，否则免费。你可以看到它推出的产品，都会强调一点最特殊的，竞争对手无法提供的好处，而吸引广大的消费者，让它的企业异军突起。成功的企业都用这样的方法推广自己，你也应该用这样的方法来推广你自己或者是你的产品、你的服务、你的公司，所以学到就立刻去做。现在照我的行动步骤去想一想，你怎么用好这个策略？

第三把铲子：让顾客无法抗拒

无法抗拒（无风险）

什么叫无法抗拒呢？就是你要想出一些方法让顾客实在无法抗拒，你提出交易的时候，顾客无法对你说NO，永远只有对你说YES。你一听，觉得这怎么可能，因为在平时的交易中，你所遇到的拒绝远远超过接受，也就是NO多过YES。如果你真有遇到这样的情况，那只能说明你的行销方案没有设计好。

有一个农夫想帮他的女儿买一匹马。在他居住的小城里，有两家卖马的，从各方面来看，这两家的马匹都一样。第一个人告诉农夫，他的马一匹售价为500元。第二个人告诉农夫，他的马一匹要750元，分文不少。但是在农夫做决定前，他要农夫的女儿先试骑一个月。他除了将小马带到农夫的家外，还准备了小马一个月吃草所需的费用，并且派他自己的驯马师，一周一次到农夫家去教小女儿如何喂养及照顾小马。他告诉农夫，小马十分温和，最好让农夫的小女儿每天都能骑马，让彼此相互熟悉。最后他说，一个月后，他会驾车到农夫家，如果农夫不满意，他将小马取回，并把马房清扫干净；如果农夫满意，就付750元，将小马留下。

请问，如果你是农夫你会选择向哪个买马呢？当然是第二个，这比都没得比。为什么你也愿意选第二个呢？因为他给了你一个不可抗拒的理由，让你觉得说YES比说NO还容易。

你根本不会抗拒这样的问题和方案。因为这对你来说完全是无风险，你当然乐意接受。**做生意最关键的是你要知道别人为什么不跟你买的原因。**只要你能够把别人不跟你买的原因预测出来，并在他还没有提出来之前，你先把它给解决了，那顾客还有什么好说NO的呢？如果你能学会解除顾客最大的抗拒点，让顾客永远无法说NO，你自然就能成为行业的龙头老大了。

找出顾客最大的抗拒点

顾客有抗拒你就无法成交，没有成交，你业绩当然好不起来。如果你能找出顾客最大的抗拒点并解决它，就等于消除了成交的最主要障碍。到底怎么找出顾客最大的抗拒点呢？

你仔细想想，顾客在成交时，最担心的是什么？顾客是不是常常担心：我万一买贵了怎么办？万一买了没效怎么办？万一买了不好的公司的产品怎么办？万一……顾客心里有无数个万一，其实他就是在担心风险，他怕承担风险。无论从财务、心理还是时间上，顾客都不想遭受损失。所以在购买时，他总是说我要考虑考虑，他总是会想多看看，多考察一下。这样你推广起来就很费力。而导致这种推广很费力、成交很困难的原因在于交易走到最后阶段，总是有一方不愿承担风险。倘若有一方承担了这个风险，那成交不就是顺理成章的事吗？承担风险的角色当然是你了，你要是愿意替他承担风险，顾客就无法对你说NO了。换句话说，你要是肯在销售中，让顾客觉得跟你买东西要是出了问题，你承担任何的损失，他还有什么理由说NO呢？这种只会让顾客得到好处，不会遇到坏处的做法叫做无风险或者称为逆转风险。

无论是推销产品还是推销你个人，你都要让对方感觉是没有任何风险的。你要让对方知道我帮你做事，你要付我钱。但是如果我做得不满意，你不要给钱。假如你去找工作也能用这种逆转风险的技能去推销你自己，你还要怕没有老板聘请你吗？比如，现在有一个应聘者去应聘，他一见到老板就说，我一个月要8000元，因为我是高级人才。可是，老板一开始并不太愿意付你8000元的工资，他希望再降低一点。你不同意老板的做法，仍然坚持要8000元才肯做这份工作。

老板一听，觉得一个月给你8000元的工资，风险太大了，于是就说要考虑考虑。后来，你到每一家去应聘，每一个老板都说要考虑考虑。

这个应聘者之所以销售不出他自己，是因为他不肯承担风险。你认为他应该怎么做，才能把自己推销出去？最好的方法就是跟老板讲：老板，我认为我一个月值8000元。我先为你做事，直到你满意，你再付给我钱，你看怎么样？或跟老板讲：老板，我先为你做三个月，你愿意付多少就付多少。第四个月以后，你觉得我好，我留下来，但一个月我就要8000元了。如果你是老板，听到这样的方案，你愿不愿意用这个人呢？当然愿意。因为他消除了雇主的风险，他对他的工作有充分的热情，他对他的个人能力才华有足够的自信，所以雇主听到他这样的话，也就跟着有信心，也就没有顾虑了。如果你真的表现好的话，老板可能一个月给你10000元呢！因为你一个月可以为老板创造10万元的净利润，所以老板觉得你值，他乐意给你更多，有没有这种可能呢？所以不管是推销自己、推销服务、推销产品还是找工作，最好的方法就是让别人无法抗拒，给顾客一个无风险的保证和承诺。当你使用“逆转风险”时，基本上就是告诉客户，他们不会做出错误的、不好的、危险的决定。这是一个很强的诉求点，会让几乎所有有防备的客户卸下武装。然而大部分的销售人员甚至是厂家、商家都不敢用逆转风险这个技能，所以他们产品卖不好，没有业绩。尽管他们内心里也想过，万一产品出了问题、万一顾客不满意、万一顾客觉得买贵了……我统统负责，但是他们常常把这一招藏在床底下，不拿出来宣传。现在你要做的就是把你的承诺大声告诉每一个顾客，这是你最有利的做生意的秘诀，这是让顾客只选择跟你买，不跟你竞争对手买的最大理由，这也是出业绩的一个最好办法。如果你能保证你的产品是最便宜，或者质量最好，那你就要大声把你的承诺向顾客宣传。如果贵了，你给顾客退差价；如果质量差，你给顾客免费。否则，你就没有机会和顾客做生意。

这些让顾客无风险的方法、无法抗拒的理由不一定都适合用到你的企业中，但它们都是真实存在的。方法毕竟只是给你指引，但你要结合自己的实际去思考去操作。

比无风险更好

无风险可以解除顾客的抗拒，让他无法说NO，让他放心地购买你的产品。如果顾客购买你的产品有什么损失的话，你就会补偿他损失的部分，这就是无风险购买。但是如今的市场竞争是如此针锋相对，你仅仅为顾客争取这点利益还是不够的，因此你需要为顾客争取比无风险更大的利益。那就是使用一种“比无风险更好”的保证。什么叫比无风险更好?

如果顾客跟你做生意，他感到不满意或者觉得他做错决定了，这时，你不但要承担顾客的损失，还要去感谢他、尊敬他。另外再给他更多的报酬和惊喜，也就是回报顾客第一次花费时间、精力做出购买的决定。如此一来，顾客一定会感受深刻，并觉得他跟你做这一次生意实在是太明智了。这就是所谓的比无风险更好。更具体一点说，就是你来我家买东西，我保证我的东西比别人更便宜。如果买贵了，我不是退差价，而是退你全部的钱，并且货你留着，不用还给我们。

你一定是产品比别人便宜，才会说这样的话，否则你就要亏本了，所以顾客相信你，并决定要跟你买。这叫比无风险更好。

以下是一些在实际交易中“比无风险更好”的方法如何发挥功能的例子：

有一天，我在书店看到一本叫做《亿万富翁的赚钱智慧》的书。这本书吸引我的是其封面上的一句话：假如看完书后，使用书中的方法，你的收入没有增加20%，你可以要求作者退费，而且书还是你的。既然这本书保证能让我收入增加20%，多花点钱买这本书也值。如果这本书不能让我的收入增加20%，我也没什么损失。因为我可以要求作者退费，还能保留本书。于是我买了一本，回去翻开第一页看到是一个类似律师签署的法律文件：若你看完这本书，你的收入不能增加20%，请将这本书的购买发票及你没有赚钱的证明一起寄回出版社，出版社即退给你买书的钱。请问，如果我的收入没有增加20%，我会不会要求出版社退款呢？当然不会，因为太麻烦了，我不想占这个便宜。是不是有很多顾客也像我一样，因为怕麻烦，而不想退款呢？所以当你推出一个比无风险更好的保证时，你要衡量一下这个政策让你赚的钱多，还是亏的钱多，如果赚的钱大于退出去的钱，那这个政策就值得推广。当然，也有小部分顾客听到这样的比无风险更好的保证，就会滥用他的权利要求退款。那出版社是不是会因此而亏本呢？当然不会，因为这个方法帮助它增加的销售额远远大于退出去的钱，所以比无风险更好的保证最大的受益者还是商家。

还有一次，我在电视购物频道看到有人在销售增加记忆力的记忆力课程。他说，只要你照教材里面所教的方法去学，记忆力会惊人地迅速增强。如果没有效果，买完之后7天之内包退。对他们来说，这样做不仅没有损失，还有可能因为这个保证而提高销售量。因为不一定每个顾客都会在7天内会退货的，如果没有，不就是多加了笔生意吗？有关比无风险更好的案例、方法有好多，但不是要你依葫芦画瓢、生搬硬套地把这些方法用到你的企业中，而是要去发展适合你的产品、适合你公司的、你能接受的、又能让顾客迅速大量购买的方法来。

增加对顾客的保证

另外有一点要让大家注意的是，当你考虑使用保证时，你可以具有弹性，因为你可以提供如7天退款、30天退款、60天退款、90天保证的版本。你甚至可以提供一年或终身保证。行业不同，对顾客的保证方法也不同，并不是每个人都用时间保证这个方法。像有的减肥机构就是用效果来保证的，减一公斤付一公斤的钱，减两公斤付两公斤的钱……这主要看你的行业，看你的消费者心中的需求希望，看你愿意用什么样的方法去保证。大家可以尽量去发掘创意，**增加你对顾客的保证，就是增加利润。**这也是赚钱的成功的商业模式，成功的商人通常都用了这个方法。

一般别人帮顾客装修，都是要顾客先付订金，然后再帮人家弄设计图。而我的一个做装修的学员，他却不用这套模式，而是先帮人家做设计图。如果顾客对设计图满意了，也不用先付款，他会接着帮顾客装修，一直到顾客满意了，才付钱。如果顾客有任何不满意，他会重新改造，直到顾客没法说NO。这也是一种保证的方法，有很多行业都有不同类型的案例或很有弹性的做法。我举了这么多的例子，相信你应该可以发展出适合你用的方法了吧！

一旦你给了顾客有力的保证，你就会要求自己和全公司的人去提供给顾客真正符合你的保证和诺言的服务质量、产品质量。你的客户也会察觉到这一点，他们会逐渐和你靠近，因为他们会感受到你对交易的热诚，这不但是为了你自己，也是为了他们。最后你帮助的是顾客，但你会因为这样的帮助而提高业绩。

我的一位珠宝学员，就提供了一个很贴心的保证：任何一个向她购买宝石的人，不管将宝石带至何处，包括给其他朋友或珠宝商，如果他们不满意，甚至只是单纯地改变主意，没问题，你任何时候拿回来，她都会将你的钱完全退还。因为她提供的保证是终身保值。在全国的珠宝商中，从来没有人敢提出这样的保证，结果她的珠宝大卖。这样的案例举不胜举。增加保证就是增加业绩。你到底能不能想出使用的方法？一旦想出来就要大胆地去使用。无论是逆转风险还是承担保证，都是给顾客不可抗拒的好处，可以让人立即行动。

说话算话

你的保证必须真诚，全心全意并且毫无漏洞。一个有漏洞或不真诚的决策，会比一个不好的决策造成更大的伤害。现在讲几个好笑的案例：有一个糖果商，他的糖果包装上写有“保证满意”，如果你有不满意，请将此1元的糖果棒未吃完部分及一张解释你不满意的原因的信寄还，该公司会给以另一支同样的糖果棒，邮资可要花你八毛钱。如果你还是不满意，他们会再送一支。顾客听到这样的保证会怎么想呢？他会觉得你太没有诚意了，简直就是在拿顾客开玩笑。

有一家电器公司，它对顾客提出的厂商保证倒简单：只要将注册单填好寄回原公司就可以得到厂商保证，可是问题在于厂商保证正好就印在顾客必须寄回原厂的注册单背面。这样，倘若顾客真有不满意也得不到赔偿。所以，这种保证也是虚假的、不真诚的。

还有另外一家生产热水器的公司，它对顾客这样保证：在30天内，如果你并不完全满意，你必须将“未装及未使用过”的热水器退还，才能得到退款。这种对顾客虚伪的满意保证，倒不如不要，这样做的结果只会适得其反。

你给顾客的保证越大，他的期望值越高，那么来购买的人就会越多。一旦来购买的人越多，你业绩就越好。但是你做不到这个保证，就不要承诺，否则会让你变得更糟糕。换句话说，你给顾客的期望值决定了你的业绩，同时也跟你自身能做到的承诺是成正比的。

行动步骤

你已经看了使用风险逆转或者比无风险更好的策略，可以让你的生意有大幅度的增长，可以让你超越竞争对手，让顾客大幅度满意，让你的交易做得越来越顺利。现在不用担心别的问题，去试试看再说。我给你几个行动的步骤和方案，去把这个策略执行下去。

第一个步骤：你能提供多少保证？哪一种保证？多长时间的保证？保证到什么程度是你愿意承担的？最重要的是，你的顾客听了，会不会觉得你是很有诚意的？问完你自己这些问题后，你一一去列表，用白纸黑字列下来。

第二个步骤：何谓满意？你可不可以也说明顾客在什么情况之下才会满意？先决条件达到的情况之下就满意，达不到就不满意，想办法把它具体地定义出来，然后把这些满意的条件都列出来。

第三个步骤：测试。把你列出的保证、满意条件拿去测试。先问推销员，这样你觉得好不好卖？接着跟顾客谈一谈，这样你是否愿意买？如果测试完发现这是符合市场的话，接着你就要打广告，看看是不是真的有人因为这个而很有兴趣地跟你下订单购买。如果广告测试的结果是有效的话，你就要把这个保证不断强化、推广出去。

第四个步骤：看看你的竞争对手是否也用类似的策略。首先列出所有竞争对手用的方法和策略，然后找出差异。如果对方保证顾客用了不满意退差价，你可能就要用双倍退款的策略了。至于你具体给顾客什么的保证，就要视你的行业而定了。

在竞争没那么激烈的产业，你只要相对地让顾客不承担风险就行。你的行业竞争越激烈，你需要给的承诺的期望值就要越大。

第四把铲子：加码

什么是加码

我已经讲了三把倍增业绩的铲子了，如果你能综合运用，就能架设企业不错的行销系统了。但你不能就此满足了，说不定你的竞争对手现在就已经学会了第四把铲子。现在，我马上就教你第四把铲子，我用两个字来概括它——加码。加码就是想办法让顾客买得更多，也就是说顾客原本计划消费1000元的，你就想法让他消费2000元。你一旦拥有了这种能力，就能追加顾客的消费金额或者回头的频率。然而在成交的过程中，大部分人限制了顾客和他们做生意的金额、次数。他们总认为顾客就消费这么多了，来这么多次了。其实，顾客很愿意跟你多买一点，也愿意多来几次。只要你突破思维的限制，就能造就无限的可能，就能获得意想不到的结果。**一旦你限制自己的生意量和顾客的消费能力，你的生意就只能停留在一个水平上，永远无法突破。**

很多人会说，我怎么可能限制顾客的消费能力呢？顾客想多买，想多来，我求之不得。很多时候，你都在限制顾客的消费能力，不信你用我的方法试一下就知道了。请问，每一次跟顾客做生意的时候，你有没有让顾客多一个选择，选完以后有没有给他再多一个选择，有没有多给他一些好处？如果没有，就说明你限制了。其实你就是缺少一个让顾客获得更大好处的方案。比如，在完成一笔交易的时候，你要再问顾客：要不要顺便捆绑一个什么东西，这样对你更有好处，更优惠？大概50%—60%的顾客会接受你这样的方案。因为你所捆绑的东西是通过市场测试对顾客有好处的，不是乱捆绑的，所以顾客就很乐意多买。只要你给顾客一个更好的结果，他就愿意多买点，愿意多来几次。如何给顾客一个更好的结果呢？

加码的方法

加码的方法有三种，但只有一个原则。这个原则就是给顾客一个更好的结果。如果你能把这三种加码的方法运用到你的销售中，成交量就会猛增。

第一种方法：增加产品或服务。你要给顾客一个机会，就是除了让他购买基本的商品之外，还添购其他相关产品。并且你要让顾客感到多买的好处就是更实惠、更方便、更完整、更有效率……具体是什么样的一个好处，就要根据你的产品和顾客的需要去定了。举个例子，假如今天有一位顾客来跟你买数码相机。这时，你不要单纯地卖给他相机，你要去探询他购买相机的真正目的。如果他说买这个相机是希望把一家人其乐融融的情景永远地记录下来，这时候你就可以向他推荐一些相关的附加产品，当然目的就是帮他把这件事情做得更好，让他拍下更多美好的回忆。你可以告诉他，你们有一个能迅速编辑相片的新产品，让拍出来的相片效果更好，还把他全家的相片配上音乐。顾客一听，这是他更想要的结果，于是就买了一个产品。如果你不想卖给他附加产品，你就卖给他一个更好的东西。如果顾客一家人都爱旅游，你就可以建议他买一台像素更高、携带更方便、电池更耐用、内存更大的相机，这样就不会因为相机的问题而错过美丽的景色了。总之，你就是要给顾客一个更好的选择，让他原来要做的事达到更完美的结果。任何产品对顾客来说都只是一种工具。他来跟你买东西，只想通过这个工具得到某种结果。所以在顾客购买东西时，你要想他要的结果是什么。你一旦发现他的这个需求，你就可以找到相关的产品卖给他。比如，有人要去淘金、挖金矿。这时，你不仅要卖给他铲子，还要卖给他坚韧的牛仔裤，甚至还要再卖给他一个帐篷。因为他需要睡在地上，所以你要多卖给他一个帐篷。你只有发现顾客要的结果之后，才能将其他产品和顾客要的基本产品捆绑在一起卖出去。或者有人来买房子，他买完房子后，可能还要装修。那你就可以告诉顾客，你们开发商有自己的装修部门。如果他请你们的装修部门装修的话，到时连装修费都可以打进按揭款里面。此外，你们的装修部门还会先免费给他设计装修图，而且在装修的过程中，他有任何的不满意，你们都会重新改造到他满意为止。你看，你给顾客一个选择，让顾客比原来更划算，所以他就会多买一些。无论是增加产品还是提供更多的服务，都是为了让顾客有更多的选择。选择一多，购买的可能就更大，成交金额自然就增加。

第二种方法：增加数量或时间的选择。什么叫增加数量或时间的选择呢？就是帮助你的顾客做决定去采购更多的货物或者是让他把这项服务延迟得更久。让顾客购买更多，使用更长的时间，都是为了让他们获得更好的效果。

我曾出版过一套帮助别人提升销售能力的教材——《绝对成交》。每次该课程培训一结束，就有好多学员争相购买。但大多人就只买一本书或者一套教材，于是我就对他们说："你一个人当超级推销员是没有用的，你要让全公司都变成销售高手，你才能够更省力却赚更多钱。光靠你一个人学习是不够的，要一群人学习才能产生更大的效果。所以，只买一本书是不够的，要让你公司的人每人都有一本才行。"在场的学员一听，觉得很有道理，马上就有人买10本、20本、100本了。请问，我是不是增加学员购买的数量呢？只要是对顾客有帮助的、能产生更大效果的产品，顾客永远都不会嫌多。这就是增加数量的方法，接着我教大家另一个方法——延长顾客消费的时间。比如，我的学员交9000元就能上我们三天的课程，但他只要多交1000元就可以成为我们的终身学员，也就是他可以无数次复训而不再收费。所以我就对学员说："上完一次课程，效果未必能达到最佳状态，就算当时效果好，回去之后你会恢复原状，所以人要像手机一样不断充电。既然这样，你们还不如多交1000元办一个终身的学员资格证。这样你们可以免费终身来学习这个课程。"你看，我一下子又增加了顾客的购买金额。因为我专注在他的结果上，为他增加了数量或时间。

第三种方法：增加组合。增加组合就是让你的顾客有机会在一个购买决定下，去买到一个商品或一套服务的组合，从而让他得到完美的结果。比如，有顾客来你店里买衬衫，当他选中一件后，你要对他说：干脆你买三件，有粉色、蓝色、白色。因为你的西装价格比较高，就不能常常换，可是衬衫就不同了，它比较优惠，所以你可以天天换。你买三件不同颜色的衬衫，每天就可以穿不同颜色的，这样给人的感觉每天都不同。既然这样，你觉得买一件好还是买三件好呢？此外，三件一起买的话，每一件还可以给你平均10%的折扣。顾客一听，觉得真的不错，就决定买三件，这时，你还可以接着对他说：你还不如买五件，买五件打八折，还送领带，另外还有黄色和黑色，这样你每天就可以穿不同的衬衫，戴不同的领带了。这样对提高你的形象很有帮助哦。这个组合更划算，所以顾客就买了大礼包。当然，你用这种方法并不是对每个顾客都奏效的，不是每个人都会说YES，但只要你去试，就会发现竟然会有不少的人对你说YES。这就是增加产品的组合的妙处。

很多做生意的人一直以为顾客要买的是产品、服务，其实他要买的是最终的结果。你要记住这句话：顾客要的是结果。当你知道了这一点，你就不会去卖某一个商品、某一种服务、某一个工具给顾客，而卖他想要的结果了。比方说，买照相机的人不是要一台照相机，而是要一段美好的回忆，是要留下一段美丽的时光。所以你要对他说："要不要在我们这边顺便办一个冲洗相片的会员卡？只要你先存1000元进去，我们可以送你三本相册和一个大相框，还免费帮你修照片。"又比如，顾客买牙膏。他要的不是牙膏而是要一个灿烂明亮的笑容。所以你要对他说，干脆你顺便配上这个洁齿剂，只要你一个月用一次，牙齿就更洁白。或者是你办一张我们这边的服务卡，一个月上我们这边来洗一次牙。很多顾客就喜欢你一次为他设计好的套装、组合，因为一个组合让他不用多次跑去寻找他要达到的结果。所以你要不断尝试用这些方法去增加一些利润空间。

只要你将顾客最终需要的结果清楚明白地印在你的心中，你永远能找到让顾客多买一点东西的方法。最后我要告诉你的是，当顾客愿意加码的时候，等于表示他已经信任你了。做生意最难的一关就是他不信任你。一旦他愿意多买一点了就表示他已经信任你了，而一旦这种信任关系建立了，他往后会增加购买的频率，你也有机会给他提供更长久的服务。你争取到顾客的信任、了解到顾客需求的时候，就是加码的好时机了。一旦加码成功，你营业额也就增加了。

如何使用加码策略

第一，观察顾客在向你购买产品或者服务的时候，他们在做什么?

第二，注意顾客的后续动作。推测顾客买完产品之后，他下一步还要做什么。顾客买完一个产品后，你要去推测他还会做什么。比方讲，顾客向你买房，那就推测一下他下一步还要装修吗？你是不是可以帮他装修？接着你可以进一步推测，他买房子是不是要结婚？那你可以替他代办婚礼吗？你是不是可以替他租礼车？总之你照这个步骤去联想，就会推理出更多顾客的需求。一个顾客买完产品他会想做什么，当场你可以提供。接着又想做什么，你再为他提供。他还需要做什么，你继续为他提供。这样你可以一次给顾客一个整体的选择，一次提供给他所有他想要的。这就是增加你营业额的简单做法。

一次，我和几个朋友去一个旅游胜地玩。在买门票的时候，售票员就问，要不要连导游票一起买。于是我就问他导游费是多少钱，售票员告诉我，如果在他们这买导游票，只要多加30元，但是在景区里买导游票就可能是50元、80元、100元了。你要不要试试看呢？看到这里，你有没有发现他们很懂行销呢？他们一看我们几个人是外地来的，就推测出我们应该是需要导游的，所以他们立刻推出一个导游服务。这是不是一种不错的加码方法呢？没错，就是增加服务。

当时，我想到景区里也有导游可以请，就没在门口买导游票。进去之后，我果然看到有一个卖导游票的，不过票价要50元。我问他怎么比外面贵了20元。他说，外面30元只陪你们游览一小时，而我们50元陪你们游览两个半小时。

我一听，觉得这个比较超值。可是他接着说，走两个多小时太累了，你们有5个人，不如再加50元包一台车，这样你们会更轻松、更方便。从我举的这个案例，你看懂了他们是怎么实行加码策略的吗？总之，在顾客购买之后，你要去观察他的后续动作，你越观察就越发现其实顾客有更多需求。你要集中精神在顾客的需求上，去发现顾客要什么，然后根据顾客的需求一步一步地加码。你不要觉得向顾客加码很困难，其实加码的机会处处都有，行销的模式无处不在。你永远可以通过你的思考，创造出更大的成就。

第三，列出你最喜欢用的加码的方法。把我给你讲的加码方法一一写出来，然后从中选你最喜欢的去用。

第四，测验你用的方法是否可行。刚开始使用这些方法时，你不要一次大规模地使用，而是要用在少数的顾客身上，看看这个方法是否可以大规模推广。每个方法测试完之后，你去统计他们的接受度如何，你的利润率如何，顾客用这个套装之后的效果如何，最后，你从中找出哪个方法顾客最满意，采购量最大，利润率最高。找出来之后你持续不断地使用这些方法，并把它变成一个长期的政策。

这样子一来，你的业绩就比以往增加了，但在经营的过程中，你还要不断地去尝试找出更新更好的方法，以便适应顾客不断变化的需求。

关于加码的案例分析

有关加码有各个方法和技巧都讲完了，现在给大家举一个关于加码的案例，让大家学会怎么综合运用它。

假设，一个干洗店洗一件衣服收费5块钱，洗衣的成本是50%，那它的利润是多少？2.5元。一个顾客送一件衣服来洗，干洗店就可以赚2.5元。如果干洗店提供给顾客一个方案，即一次洗三件只要12.5元。一旦这个方案实施起来，有没有吸引更多的顾客来洗衣呢？当然有。可能也有人不认同这方案，他会认为这个方案会让干洗店少赚钱。事实上不是这样的。本来这个顾客只需要洗一件衣服，也就是让你赚到2.5元。现在他因为你推出这个方案，而多洗了两件，也就是让你赚到了5元（销售价12.5元-成本7.5元）。只需要这一个方案，让你的收入加1倍。可能你的利润空间还不止增加1倍。因为如果一次性采购一个产品或服务的数量大，它的成本是会急剧下降的，也就是你的利润空间会更大。所以用这个加码技巧，不要把焦点放在你少赚了多少钱上，而要放在你一次多赚了多少钱上。

通过这个案例分析，你是不是看到了加码策略一用就为你带来巨大的利润空间呢？所以你要把刚才学到的方法、技巧一个一个用到你的事业中，也希望这把铲子能帮助你挖掘出你事业中更多的金矿。

第五把铲子：测试

测试的内容

测试指的是企业在推出新产品或者新服务前，通过一些小范围的、试验性的行销活动测试出目标顾客对于新产品或者新服务的名称、价格以及广告宣传活动等的接受程度。在新产品推出前，对其进行周密而科学的测试，能大大降低企业的风险。但令人遗憾的是，在商界，无数的生意人将命运交给了独断的决定和自以为是的臆测，而对自己的观点、想法、计划进行测试的人或公司少之又少！

当你了解了测试的重要性后，你是否知道要对你的产品或者服务进行一些什么测试呢？如果你对这一点不了解，就会进行一些盲目无效的测试。一个新产品或者一项新服务需要测试的是：

1. 测试不同的包装；
2. 测试不同的价格；
3. 测试不同的广告文案；
4. 测试不同的销售话术；
5. 测试不同的网页；
6. 测试不同的电子邮件；
7. 测试不同的保证或承诺；
8. 测试不同的促销活动结果；
9. 测试不同的地区；
10. 测试不同的奖励政策等。

通过以上列举的测试内容，想一想在行销的每一个环节中，你有没有做过这样仔细的评估、测试、对比，有没有找出效果最好的一个？像这样的测试你要不断去尝试，才能找出让你的企业最营利的模式来。

我一个开餐厅的学生想提高他店里咖喱鸡饭的定价，但又不知道什么价格才合理。于是，他跑来向我请教，我让他去测试。因为任何的主观猜想都是不能定出合理的价格来的，搞不好还会影响业绩。我让他把原来一个25元的咖喱鸡饭调到28.5元一个，但在调价前，我叫他先统计出当定价为25元一个时，每天能卖多少盒咖喱鸡饭。后来，他告诉我大概能卖50盒。现在，我们来假设一下，如果他把咖哩鸡饭调到28.5元一个后，每天咖哩鸡饭的销量仍不变，那他每天就额外多赚了175元，一个月下来不就多赚了好几千块？假设他的销量因为价格的调整从每天50盒变成45盒，两三个月统计下来每天都是45盒的话，那他是不是又要把价格调整为原来的呢？如果每天保持45盒的话，他就不必再把价格调整为原来的了。尽管每天的销量下降了，但他额外多赚到的利润还是比原来高的。如果通过这样一个小小的测试，让你利润增加好几倍，你尝试一下又何妨？

什么样是最好的价格、最好的包装、最好的政策……你统统要去不断测试，测试，再测试。你要让消费者去决定什么才是最好的。你不要再主观地去预先决定市场要什么，这样做是非常不明智的。

不断测试

假设你测试完毕之后，发现一个最好的方案，但你还是不能停止这项测试的工作。因为任何行销方案都是动态的，也可能你还没找到最后的方案，所以不要就此打住。

举个例子，我曾经举办过一个4小时的推广会议。后来，我发现把4个小时的推广会议改为一天，我的销售量可以增加3到5倍，但我只需要加一倍的会场费。并且我花一天的时间来推广，消费者可能接受的程度会比较深，考虑时间会比较长，他对我们的认识会比较深，那成交的可能就更大。这么一计算，我觉得很值得把这个方案实施下去。于是，我立刻把我们的产品推广改成了一天，并坚持做了一年。一年之后，我发现来上课的人数没多大的变化了，销售金额也没有明显的突破了。所以，我在想：怎么样才能更进步？

接下来，我再做了测试，就试着把一天的推广会议改为两天，然后再看看销售额有没有增加。变成了两天后，我惊奇地发现销售额又增加了一倍，也就是从原来的一天10万元的销售额变成了两天20万元的销售额。而增加这一天的成本只是多花我一天的时间和一天的场地费。觉得这个可行，利润又可观，我就想把两天的推广会议改为三天，可是事实证明三天是不行的。因为产品太少了。于是我就把产品从原来的一两种增加到四五种后，再开设三天的推广会议。请问一下，我这三天销售额是不是增加了两倍呢？不是，是三天就增加了9倍。换句话说，我原来两天能做20万元的销售额，现在变成了我三天能做200万元的的业绩了。所以你说我现在是应该用三天的成本还是两天的成本去推广呢？当然是三天，因为这样成本效益比最高。只要你不断地去测试，就总会有新发现，会有更多让你意想不到的收益。

后来，我还是不断地去测试，除了从时间、产品上去调整，我还从成本、会场布置等各个方面去测试，然后根据测试的结果不断做出相应的调整，所以业绩也是不断地在攀升。不过在测试的过程中，有个有趣小插曲，我要和大家分享一下，也是最值得你在测试中注意的问题。那就是在测试时，我发现竟然有顾客是因为我的讲课背景板影响到他购买的心情和决定。了解到这一点后，我立刻把讲课的背景板换成其他颜色。背景板换了之后，我的销售量又增长了20%—30%。

从这个案例中，你得到什么体会吗？对你来说，你有责任、有权利、有机会可以去测试出更好的想法，创造出更好的结果。而顾客就是对整个测试结果有表决权的人，他们在用手中的钞票投票。所以你在测试时，要十分关注这一些拥有表决权的人，也只有他们才能为你提供最好的行销方法。不断测试的结果就是让你发现了最佳的方法，还发现哪些方法用错了并及时纠正。

全方位测试

从上述的案例及测试的范围，你大概能了解到一个新产品或者一项新服务有哪些方面是需要测试的了吧。需要测试的地方当然不止上面提及的那些，你还需要对它们进行全方位的测试，每一个环节都不可忽略。这就像一辆汽车在上路前，你要对它全面地检测，在行驶的过程中你要时不时检测各个部件，才能确保安全，在行程结束后，你还要对它进行检测维修，为下一次安全出行做准备。现在我就和你分享如何对你的企业的各个部件进行全方位的测试，让你经营的风险降到最低。

事实上，测试不仅对销售环节有用，对内通路的佣金该怎么给，折扣该怎么给，文宣的标题该怎么定，包装该用什么形式，价格该定多少等都有用。还有你给什么赠品，给什么额外的附加值和优惠能达到最好的销售效果都是可以测试的。此外，你还可以测试不同的目标市场、不同的广告、不同的开场白。比如，在测试不同的广告时，你可以测试一下广告放哪个版面好，哪个时间播放效果最好，找哪家电视台更好。如果你的行销工作跟广告无关，你还可以测试你的销售说明会用不同的主题，来的人是不是不一样多；用不同主题吸引到人群的质量，是不是不一样；用不同的开场白产生的效果，是不是不一样的。如果不一样的话，你就知道什么是好的，什么是不好的。只要你不知道哪个才是最好的，你就用这个方法不断去测试。但要注意的是，你要提供特殊的条件才能测试。比如，用这个方法定价跟那个方法定价是一样的，但两个方法唯一不同的是这个是给A赠品，那个是给B赠品，然后就看他们回电话的次数、购买的频繁度，哪个多。每一种特殊方法都可以测试，直到你发现了不管用什么方法来对比，这个方法都是最好的，那这个方法就可以持续采用。

记住，无论一个推销员一天是做成3笔生意还是做成30笔生意，他都花掉你一样的薪水，花掉你一样的办公场地费用；记住，不论一个广告为你带来100个客户还是1000个客户，它都花了你同样的制作费用、制作时间、播放的时间，所以你有更好的测试方法，你都可以去用，而且测试这个工作是不能停止的。其实，我也是不断地在做测试，我也不知道什么才是最好的。有一次，我用两个广告去推广同一个产品，结果第一个广告推出后报名的人数大概就是二三十个，而第二个广告推出后，报名的人数就变成三四十个。我也不知道这两个广告为什么会造成这么大销量的差别。但是消费者就是喜欢后者，那我当然要采用后者。我自己也是不断测试，测试，再测试，直到最后让顾客来投票决定最好的。

在用不同的方法去测试同一个产品或者同一项服务时，最重要的是要谨慎地记录，谨慎地分析里面的不同点。一样的条件之下，用不同的变因去测试两个不同的结果，你会惊讶地发现某一种方法永远大大优于另外一种方法，而这一种方法带来的利润和销量，永远会超过前一种。所以一个好的测试能为你带来更大的生意效益。**而测试的目的就是让市场行销的每一个环节都有最好的表现。**如果一个推销员一天平均打50通电话，然后举办说明会，如果花同样的力气、同样的时间，同样打50通电话，但是他讲不同的脚本却造成比另外一个增加40%或50%甚至100%的销量。测试可以让你轻易地增加销量、增加利润。所以你和你的推销员要聚合在一起开个会来尝试不同的方法。这一次测试不同的价位，下一次测试不同的向上销售、升级销售、加码销售的方法，再下一次测试交叉销售、无风险保证、比无风险更好的保证的方法看看。然后仔细地检查、记录、跟进、追踪每一种测试所造成的结果，并且分析数据。根据一段时间测试，如果另一个方法确实是比其他的方法有效，你就应该让每一个推销员都用这个方法，这样才能产生最大的效果。这种试验就要有专门的小组人员根据表格或者是计算机的分析数据来做统计。你要让整个销售环节从接电话开始、从客服人员开始、从推销员开始就不断进行这一个月或者这一季度的测试工作。测试完后，把数据交上来给小组人员做好分析对比。通过这样的测试分析，你就从中得出最好的结果。**如果你无法得到这些测试的能力就等于无法得到这些获利的能力。**无法有这些获利的能力，你做生意就是冒很大的风险。我有个学员就有过这样的经历，他在代理某个产品前，没做任何的测试就花了一大笔钱进了一大批货。后来，他一招商一零售才发现顾客接受不了这样的价位，还嫌他包装不好看、功能一般般，结果他一个产品也卖不出去。他对此感到十分懊恼，可是再怎么后悔都没用，因为你投入的人力、物力、时间、资金都收不回了。所以你一定要去建立这些测试能力，因为测试能让你不冒风险，还能让你用最少的成本、人力、物力、时间去创造最多的利润。

在这里，我要强调的是，在推广某个行销方案时，不仅要事先做市场调查，在实施的过程中还要做好调查，调查结果出来后还要对其测试。这也就是人们说的事前测试，事中测试，事后也要测试。

深入测试

下一步就是你要更进一步地深入测试。什么是深入测试呢？我举例来讲吧。假如你现在分别要在报纸和杂志上做广告，推广你的产品。两家的广告收费都是一样的，并且用的是同样的广告文案。结果，一个月内通过报纸广告打来电话的人有1000个，而通过杂志广告打来的有200个人。看，同样的费用、同样的广告文案，但不同的媒体却有这么大的人数差别。请问，你现在是要继续找哪家打广告呢？肯定很多人会说仍然在报纸上打广告。其实这种想法是错的。这时，你要进一步了解通过报纸广告打来电话的这1000名潜在顾客中有多少人会订购。假如只有10个人会订购，而通过杂志广告打来电话的人虽然只有200个人，但有50个人订货。如果是这种情况的话，你就要把广告费投在杂志上了，因为它造成的顾客的订购的数量是更多的。所以，测试的时候，你不只要对人数进行测试，你还要测试销售收入、利润。

接着，我们再假设一下。通过杂志广告带来的客户是50个，但是这些客户重复消费率很低，也就是他们50个订单买完之后，没有什么后续销售，那么总消费金额也就变小了。而通过报纸的这10名客户重复消费率高，所以造成的总销售金额比50个客户量还要大，他们三个月内消费了10次，而通过杂志的那50个人三个月内才消费一次。通过这样的测试比较后，你现在知道要哪一家做广告了吧。你要深入测试，才能知道哪一个带来的销售收入是最多的。

如何收集测试回馈

你用不同的方法去测试，测试不同的条件，但最终你还要把测试的结果、回馈收集回来，你才能了解每个测试的效果如何。现在我就告诉你一些收集测试回馈的方法。

1. 使用折价券。如果你想要知道潜在客户对两种广告的反应如何，你可以用折价券。不同的折价券版本分别使用不同的代号，然后看看哪一个回复得多，你知道了哪个广告效果好。

2. 在不同的广告方案中留下不同的电话号码。哪个电话打进来的人多，就说明哪一个广告效果好。

3. **指明准客户打电话来应找的人。**比如，你可以在广告上注明打电话来给你们客服部的黄小姐，而另外一个广告则写打电话来你们客服部的张小姐。事实上这个客服部里面可能只有一个人，可能也不姓黄，也不姓张。但是两个广告用不同的人，却可以看出来是哪一个广告回复的人数多。

4. **告知客户只有说明是在哪个电台（电视台、报纸等）得知消息才给他赠品或折扣。**通过这种方式，也可以了解哪个广告比较有效，但是在顾客说明的时候，你把他说的记下来，才好做统计。

5. **在寄回订单中的邮件上做一个特殊的记号，以区分订单的来源及你邮寄出去的广告版本。**通过这些特殊的代号，就可以知道顾客是看了哪个广告版本的。

6. **测试不同的产品组合，统计哪个组合更有吸引力。**要明确注明不同产品组合、产品包装，各卖了多少，或者不同的产品组合、包装找不同的部门或者不同的人订购。

在收集这些测试回馈时，我要给你两个重点提示：

1. 你必须对每个回馈结果进行一丝不苟的记录、统计、分析。

2. 将回馈制作成表格，对比选择出效果最佳的方案。

通过这第五把铲子，如果你能找到一个超过你原来的销量的最好的模式，你会惊讶你成本都没有变，但你却大幅度改善和增加了利润。这就是你现在要去进行的工作——测试一切。

第六把铲子：宾主两益

什么是宾主两益

宾主两益是一种双赢的行销模式，是双方的资源整合和资源分享。其中的宾就是宾客，主就是主人，两者共生互利，就像大海里的鲨鱼和领航鱼一样。鲨鱼什么鱼都会吃，但它从不吃领航鱼，因为领航鱼会像电动牙刷一样，把鲨鱼牙齿间的残屑剩肉吃掉，这样，鲨鱼可以得到免费的洗牙服务，领航鱼也不用费神出外猎食即可饱餐一顿。这种互利的关系在商界被称为宾主两益关系。

传统的行销手法是，很多企业花成千上万的钞票在促销、广告、客户服务上，但无论如何，开发一名新客户的成本是高昂的，却只能从客户身上得到有限的生意和利益。这种吃力不讨好的方法，你为什么还要用呢？你为什么要到外面去花这么多钱找客户呢？

你要常常想一件事情，你能否减少你开发客户用的时间和金钱，而是只将时间和金钱用在最准的客户身上。如果找到这种最准的客户的话，你就能更有效率地开发市场了。但是如何不用花你太多钱却能在茫茫人海中，找到这种最准的客户呢？那就是使用我刚才所讲的资源合作、宾主两益的方法。你可以借由一点点的力气、一点点的合作关系从其他人的公司，其他行业中找到你的新客户。这比你自己花钱去促销、广告来得更快、更有效、更省钱。事实上，很多企业已经在服务这一群你想找的顾客了，已经在和他们打交道了。你只要和这些企业合作，把它们辛苦建立起来的顾客群拿过来，你就可以节省大量的时间和行销费用。并不是让你去抢人家的顾客，而是借由一种温暖的合作让人家自愿把客户交给你。而宾主两益的行销方法，就可以实现这样的合作。接下来，我就详细给你讲解宾与主两者如何架设互利共生的舞台。

架设宾与主互利共生的舞台

现在我就来详细讲解一下这种方法，并教你如何一步一步去执行。

在架设这种宾主两益关系时，最重要的一点就是要把各自的利益分成谈清楚。比方讲，有A、B两家公司，我们称A公司为主、B公司为宾。现在A公司同意B公司把他们产品的讯息传递给A公司的顾客，甚至帮B公司大力推荐和销售产品。那么，在双方都有这个意愿的时候，他们就要进一步谈成一种利益分成的方案，也就是谁先得利，谁出费用，谁分摊多少的方案。一旦谈清楚，这种宾主两益的关系也就被架设起来了，且最重要、最敏感的问题也被解决了。那后面的合作也就是水到渠成的事了。

在这种宾主两益的关系中，无论是处于主的一方还是宾的一方，都可以得到非常可观的额外利润。如果你是宾的话，你架设这种宾主两益的关系架设得越多越好，这等于在市场上有一大堆公司在为你铺管道，在帮你找你最喜欢的准顾客。如果你是主的话，你等于在你的一群顾客中架设了很多周边的产品，让你增加了额外利润。因为不花你的太多成本甚至不花一毛钱成本，你就有很多额外的产品可以卖了。这种宾主两益的关系在我们的生活中随处可见，那些高明的商家都非常善于利用这种关系。一旦你也能建立起这种宾主两益的关系，那对你的生意来说就是广开财路了。

比如，你办了信用卡后，每个月接到账单的时候，是不是发现信封里还附一些非银行信息的宣传单？在宣传单上，银行给你推荐了各种各样的服务，如卖保险、订酒店、订机票、卖行李箱包等等。可能上面还会附带说明，如果你这样的信用卡用户马上行动，就可以享受各种优惠。你仔细想想看，难道银行有开保险公司、航空公司、五星级饭店吗？难道他们开厂生产箱包、手表等东西吗？当然是没有。那银行为什么要推荐这些服务呢？有两个可能。第一，就是这些行业的人主动找银行来合作的。因为银行手中的信用卡客户，可能正好是这些商家最需要的客户，所以这些商家就通过与银行合作方便快捷地找到了他们需要的客户。在这个过程中，这些商家叫做宾，银行叫做主，拥有客户量的叫主。第二，就是银行找这些商家合作的。因为银行想到他们有这么多信用卡客户，如果只是赚取用户的刷卡手续费或者利息，就太浪费资源了，所以他们就想到利用这个资源增加收入。有了这个想法后，银行可能就会想他们的这些客户有哪些消费能力，需要哪些服务。经过调查，他们发现这些客户可能需要买保险、买机票、住饭店之类的服务，于是银行就主动找这些宾来到自己的企业内部一起做联合的行销。这就是宾主两益，两方都得利。下面，我就举一个具体的案例让你更好地理解这个观念及其所产生的效益。

比如，A服装店是卖高档西装的，生意好，顾客多。服装店的老板想到他这么多的顾客买完西装后，都有干洗的需要，于是他就想到找附近干洗店的老板谈。就是给干洗店介绍顾客，然后干洗店给他一定利润分成。服装店的这些顾客正是干洗店最想要的，所以他们两家马上建立了宾主两益的关系。最后还达成了双方都比较满意的利润分成。现在我们来看一下，这个方法给他们的利润和生意带来了什么的变化。他们双方达成的利润分成为：

利润分配比例

顾客推荐者——服装店

60%

商品提供者——干洗店

40%

此次交易中，服装店一共给干洗店推荐了100名顾客，并且他们都成为干洗店的老顾客，而他们每人每年的“干洗开支”所带来的利润为600元。

那么，服装店和干洗店双方每年的收益分配为：

每年收益

顾客推荐者——服装店

36000元

商品提供者——干洗店

24000元

就是说，服装店每年无需投入任何精力，无需花费任何成本，就可以获得额外的36000元收益。而干洗店也因为服装店多介绍的这些顾客，每年多增加了24000元的收入。这就是架设宾主两益的舞台啊！两方都能得到好处，一方能够得到额外的收入，另一方则因为多卖一些产品而增加了收入。

当然这只是一个帮助你理解宾主两益这个方法的案例，你可以去想出更高利润的交易。比如：空气清新机厂商可以和房地产商合作，珠宝商与高级时装店，妇幼医院与婴儿乳品专营店……你还可以想出哪些宾主两益的点子来呢？宾主两益是真正会行销的企业一定会用的方法。所以你要想想在你的生意中，和哪些人合作能让你更省钱、更省力、更有效地开发新客户？

宾如何向主靠近

这种宾主两益的关系一旦被建立起来，那其中的利润对宾和主来说都是难以抗拒的。但是宾是资源少、客户量小的一方，而主是资源多，客户量大的一方，在这样力量悬殊的情况下，作为宾的一方应该如何才能靠近主，并与其发展合作关系呢？现在我就教你如何靠近鲨鱼。

在靠近主的这一方时，你第一件要做的事就是要先问你自己：有谁是你可以跟他合作的，有谁可以跟你一起来销售你的产品或服务，并且你和他是不构成竞争关系的企业，他已经和你要的顾客有良好的关系。问自己这个问题后，你就按这几个条件去寻找你的合作伙伴。一旦你找到具备这些条件的企业后，你就需要想怎么和他们发展合作关系了。一般，大部分的被你主动找上门的主体公司可能会对这样的合作方法产生怀疑。这时，你就要化解他们的疑虑，给他们呈现以下几个事实：

第一，我的产品和服务与你的产品和服务完全没有竞争性。在找到主体公司后，你要明确地告诉对方你和他没有任何竞争关系，而是一种合作关系。接着，你还要想办法让他们了解到你的产品对他的顾客有哪些好处。你要告诉他，他们开发顾客的固定成本已经投下去，如果他们能额外推荐你的产品的话，就能额外获利。并且你会提供宣传单、产品介绍的光盘之类的宣传资料给他们，还会提供特殊的优惠价或者给他们很多顾客见证。这样他就不用花太多的成本甚至不用成本，就能获得一大笔额外收入了。一旦他们愿意推荐你的产品或服务，你就可以给他们更多的净利提成或者其他附加值，总之他们想要的资源，只要你能提供，你都可以给他们。因为有这样的主体公司与你合作，就等于有人在为你过滤，让你轻松、快速地找到你最准的顾客了。

第二，我不会夺走或排挤掉你的收入和利润。这种情况是针对那些产品或者服务跟你有一点竞争关系的企业。如果他们是跟你有一点竞争关系的，你就可以告诉他们，卖你的产品或者服务，他们可能额外开发了一批新客户。因为需要你产品或者服务的人会因此而找他。表面上看，你会排挤掉他一些顾客量，但实际上，他因为帮你卖产品而得到了更大的额外分成。另外，他们也能从中额外得到新的顾客名单，而这些新顾客以后就会重复消费他们的产品或服务。所以对他来说，他不仅能赚你额外的分成，还能赚到顾客的后续价值。由此可见，你不会夺走或排挤掉他的收入和利润。

第三，你不费吹灰之力，却能够额外得到利润。如果对方是你的竞争公司，让它推荐你的产品或服务会比较难。因为这样会排挤掉他们一定的利润，所以在谈合作的时候，你要让他们了解到他们帮你推荐产品或者服务所得到的利润分成要大于他们被排挤掉的那部分利润，这样他们才会跟你合作。当然，这样的合作，你不能让对方花费太多力量去做，否则就很难谈成合作。你只要在他们现有的销售环节和程序中加上你产品或服务的讯息就可以了。如果他们愿意花力量去推荐，那当然是最好不过的。

有一次，我们公司在北京举办了一个为期一天的演讲活动，推广我们的创富教育。活动时间是早上9点到傍晚5点。那天刚好有一家同行的公司来找我们谈合作，请我们帮他们推广一下课程。他们也是推广课程培训的，不同的是他们推广的是国外的一个高端的行销课程。那个人问我，能不能在早上9点到傍晚5点这个时间里给他半个小时推广一下他们的课程，当然他们会给我不错的利润。一开始我就不同意，因为我们一天的时间刚好能推广我们的产品，如果给了他半个小时就会影响到我们自己的活动了。再说在这半个小时里，我们自己可以创造更高的利润，所以我是不愿意帮他推荐的。被我拒绝后，他们没有就此放弃与我们合作，他们接着对我说："杜老师，你的客户是非常好的客户，我们真的很想开发。不过现在我们不占用你推广的时间，也不用你们替我们推广任何的课程和产品，我们自己来推广，时间就在傍晚5点到7点，场地费也由我们来负责。而现在要你帮忙的是在你的会议结束后，请你的顾客留下来。我们还会给你一定的利润分成。你看，这样可以吗？"这样的方案，我当然不会拒绝了，因为我不用花任何力气就可以获得额外的利润。在我的会议结束后，我的顾客也基本都买完我的产品了，他们对我的产品也不会有多大的购买力了，而剩下的那部分顾客可能也就是觉得我们的产品不太适合他。我把这部分顾客让给别人去开发，如果有人愿意买他们的产品，我还能得额外的利润；即使没有人购买，我的场地费也降低了。所以不管是哪种情况，我都可以毫不费力地得到额外的利润。当你去和你的竞争对手谈合作时，你应该告诉他，他可以不费吹灰之力，却可以额外得到好处。

第四，所有的费用我出。如果你的主体同意帮你推荐产品或者服务，你就要付所有的费用。比如，宣传费、资料费、邮资等。但如果你有机会让他们跟你一起来分摊这个费用的话，那当然更好。在他们有利润空间的情况之下，你谈判的能力好，可以让他们跟你一起来分摊一点。

第五，如果发生意外，我会负担起责任，不会让你受到伤害。你要承担起所有的责任，不要让对方负责任。有意外你负责，破损你换货，有不满你退钱，有这样的保证他才会放心地将你推荐给他们的客户。

第六，为了验证成交量，你需要让主体公司来经手这个订单所有的服务、收款、结账。你必须要让主体公司能够有验证的能力，否则他们不太相信你会按数结账给他们。

第七，主体公司只能拿纯利润。拿利润分成的时候，你只能拿纯利润分给他，不能照售价来提成，因为你的公司还会产生其他成本的。

以上七点，就是你在和主体公司谈合作时，需要让他们知道的事实，这样他们才会放心给你推荐产品或者服务。刚开始和这些主体公司谈的时候，他们都有一些疑虑或者抗拒，那就用这些事实化解它。你要告诉他有这样的好处，还要把好处给量化、把利润给量化，让他真正能看到你所画的饼是能够让他吃到的，是能实现的。

同时，作为宾的一方，你是否应该提供一些额外的特权，如特惠价、延长保修期、特殊的赠品等来给你主体公司的客户呢？这样才会让主体公司觉得，他因为推荐你的东西，可以加深他在客户群心中的印象。而顾客也会觉得他向主体公司买东西，可以得到比去外面买更好的待遇。这样你就比较容易得到主体公司的同意和客户的信任。所以你要给其他主体公司的客户提供一些特殊的鼓励方案。

在这种合作中，一定要把利润分成谈好，在前面我已经讲到过。这里再补充的就是作为宾的一方应该怎么去分配利润。作为宾的一方，你可以和主体公司五五分成。你也可以放弃前面的利润或者把第一次所获的大部分利润给主体公司，这样主体公司很有利可图，就愿意大幅度替你推广你的产品。这样一来就获得了大量的顾客，虽然你第一次赚不到钱，但你可以赚后续的钱，这也就是前面讲的先打平，后赚钱。

刚才所讲都是作为宾的一方如何去和主的一方合作的一些方法。如果你想当主体公司，只要把整个情况倒过来就可以了。

不同的宾主关系

接下来，我要给你讲一种不同的宾主关系。在前面所讲的宾主关系中，无论你是宾还是主，或者同时既是主又是宾，你都必须要有自己的产品或者服务才能与别人达成交易。如果你没有任何的产品、服务、事业、企业，那你是不是就不能和别人达成交易了呢？答案是你无法与别人达成交易，但你可以撮合别人达成交易，并从中获取利润分成。这也就是我马上要讲的不同的宾主关系。

这种不同的宾主关系也就是说你本身既不是宾也不是主，那你可以怎么办呢？你同样可以找到有谁的产品是谁需要的，而谁现在的客户可以帮谁来买这样的产品，然后你撮合这样的主宾双方达成交易、达成合作，再从他们的交易中获取你的利润分成。

比如，你跟主方讲：通过我帮你找到更好的产品跟项目，引进你的生意，你不费一分钱就可以额外得到利润，而我只从你额外得到的利润中拿25%。你看可不可以？如果人家真的可以不费任何力量，通过你的穿针引线每年额外得到100万元的话，那他肯定很乐意从他额外赚到的这100万元中，付你25万元。这样你跟主方谈妥后，你再去找宾方讲：如果我把你的产品拿去让别人帮你销售，一年额外让你多赚100万元，而我只从你额外多赚的利润当中分1/4，你愿不愿意呢？你跟宾方这样讲了之后，他肯定会想既然是你开发了一个销售管道，那么让你从他额外赚到的100万元中拿1/4，那当然是没问题的。一旦这样的主宾关系被你撮合成功，你就能额外赚到50万元了。如果你一年撮合10个这样的合作关系，那你一年多赚了多少钱啊？500万元。你靠主宾关系这一条策略，就建立了你年收入500万元的事业，你感觉好不好呢？这就是资源整合，这就是不同的宾主关系。你要不要让你的事业也发展出这种关系来呢？

宾主之间的各种关系我就讲完了，现在我把它们总结一下。

第一，你可以当主，把别的产品拿进你的生意。

第二，你可以当宾，把你的产品拿进别人的事业中。

第三，你也可以当中间人，撮合主宾关系。

行动步骤

第一个步骤：将你所有的产品和服务列表。把你的所有的产品和服务列完之后，你就开始问自己：所有与这些产品和服务相关的产品和服务有哪些？将你现在的所有产品和服务列表，再列出和这些产品相关的产品与服务有哪些。接着在这些相关产品公司中，再列出哪些公司你可以跟他们接触，再列出这些公司的领导人名单、总裁名单。

第二个步骤：联系你要接触的公司的领导人。把相关公司的领导人名单找出来后，你就开始去联系他们。你可以给他们打电话、寄信、发E-mail或者派人去谈发展这种宾主两益的合作关系。你可以告诉他们，你能帮他们把他们的产品或服务销售给你的客户。在与他们谈这种合作时，第一，你要有耐性，因为他们不一定会一次就答应你，你可能要跟他们多次接触、洽谈，才能谈成。第二，在一系列拜访洽谈中，你要拿出足够的证据来证实你有能力为他创造额外的利益。

第三个步骤：再问自己，你的顾客现在还有哪些需要是你可以提供的。

第四个步骤：还要再问自己，你的顾客买完你的产品之后，除了他们之外，还有哪些公司的顾客也需要你的东西。问完之后，你同样去列出一大堆公司名单、总裁名单，接着你去当宾，要求对方推荐你的产品和服务。提出对方不可抗拒的好处，你承担责任，给他的客户特殊优惠，让他有利可图。然后将宾主两益策略合作的部门，不断发展更多这样的关系，不断用这个方法，一两年后你的生意可能倍增，不止3到5倍，可能10倍到20倍。只要你按这些去做，一切都是有可能的。

第七把铲子：转介绍系统

什么转介绍系统

我相信在你现有的新客户中，可能有很多是间接或直接来自朋友的推荐或介绍的，但你其实并没有一个正式的转介绍系统。在不增加你任何成本的情况下，制定相应的转介绍系统至少会给你增加50%的利润。一个能让你的利润增加50%的系统，你想不想学呢？如果想的话，接下来你就要好好学习这第七把铲子，让它帮你建立起你的转介绍系统。

转介绍系统就是一个正式的让顾客介绍顾客，朋友介绍朋友的系统。对于一个企业来说，你不能只建立一个转介绍系统，而是要建立多个不同的转介绍系统。因为这是一种花钱最少、风险最低，而且利用程度最高、获得新客户最有效的行销方法。这种经转介绍而产生的客户，通常会比大多数以其他方式争取来的客户花更多的钱、买更多的货、更为忠心，让你赚更多的钱。所以你一定要利用这个方法，大力地为你的企业介绍更多的新顾客。大部分老板都花了很多的时间、精力和金钱在其他行销方案上，其实你只要花其中一小部分的金钱及时间，开发一个正式的转介绍系统，效果可能会好上好几倍。我在我们的公司里就大力提倡使用这个方法，所以我们公司大部分的业务都是通过转介绍而来的。

举个例子，我们在推广课程的第一年，都是通过广告、文宣、推广会议、业务推销等渠道去销售我们的课程。但到了第二年，我们积累一定数量的顾客后，我们开始利用转介绍系统，让顾客介绍顾客。我们的转介绍方式有多种，并且会给顾客各种各样的奖励，

刺激顾客的转介绍行为，所以效果非常好。在很短的时间内，我们的新顾客人数和业绩都倍增了。有人听完我们的课，一口气介绍了二十几个朋友来上课；在这里，我可以斩钉截铁地告诉你，我们在全国各地的业务有80%以上是通过客户介绍来的。所以你要不要为你的企业建立转介绍系统呢？

其实，建立转介绍系统是一个非常简单的行销方法，大家也都很熟悉这个道理。但大多数人没有大力地去使用这样的一个思维模式，所以他们就很容易把这把获利最直接、最没风险的铲子给遗忘了。

能帮助你找到潜在顾客及介绍人的问题

转介绍系统的方法和道理很简单，关键是你要不断去用。如果这个系统没有让你的业绩出成效，你就问问自己以下五个问题。这五个问题能帮你找到问题的所在，让你更清楚自己要做些什么。

第一，你要问自己：你理想的潜在客户是哪些人？

第二，你要问自己：你理想的潜在客户最想要得到什么好处跟利益，才会有兴趣跟你做生意？

第三，你要问自己：你跟对手的差别有哪些？

第四，你要问自己：你能提供给潜在顾客的利益跟对手能提供的相比，你是怎么强于对方的？

第五，你要问自己：你的潜在客户还有什么问题没有解决？没有人来替他们解决，你愿不愿意来替他们解决问题？你如何去帮他们解决问题？

一旦你知道了这五个问题答案，接下来你大概就知道要如何去开发你的潜在顾客，你能提供一些什么有利的诱因给他了。

接下来你要问自己：你理想中的潜在顾客的理想特征有哪些？

对于这个问题，你可以把每个顾客的理想特征用表格列出来，就像为顾客设一个资料库一样，既方便你查找，也有利于你筛选准顾客。比如：A潜在顾客的理想特征—明细表（见第97页表）。

我给你列的这个明细表，你写越细越好，你对准顾客的理想特征掌握得越多越有利于你开发顾客。你可以按照我这样的方式把顾客的理想特征一一列出来。这样你就很清楚什么人是你的准顾客了，你到底要钓什么鱼。只有选对池塘，你才能钓到大鱼。

既然知道你要找的人是什么样的，你接下来就要问自己：谁能将这种潜在客户介绍给你？是你的厂商还是客户，是你的员工还是你的竞争对手，是你的亲戚还是朋友，是没有买你产品但正在跟你接触的潜在客户还是还没有变成潜在客户的潜在客户……一旦你列出了什么人有机会介绍这些人给你，你就要在这些可能帮你介绍的人身上下工夫，然后去提供一些奖励给这些帮你介绍潜在客户上门做生意的人。

A潜在顾客的理想特征——明细表

类别	理想特征 （根据你的实际情况而定，此处只是举例）
收入	A.月入100万元 B.月入10万元 C.月入1万元 （要多少收入才是你的理想客户）
身价	A.1亿元 B.1000万 C.100万 （他个人的资产、家庭的资产值多少钱才是你的理想客户）
年龄	A.20—30岁 B.30—40岁 C.40—50岁 （年龄段在什么之间，才是你的理想客户）
性别	A.男性 B.女性 （男性还是女性才是你的理想客户）
种族	A.黄种人 B.白种人 C.黑种人 （哪个种族才是理想的客户）
住所	A.别墅 B.高档小区 C.商品房 （住什么地方）
职业	A.企业主 B.高级管理人员 C.普通职员 （从事何种职业的人才是理想的客户）
婚姻状况	A.已婚 B.未婚 C.离异 （什么婚姻状况的人才是你要找的客户）
嗜好	A.抽烟 B.垂钓 C.阅读 （有什么样嗜好的才适合你的产品）
教育背景	A.博士 B.本科 C.专科 （有什么教育背景的才是你理想客户）
……	……

如何架设转介绍系统的舞台

了解了你的潜在顾客的理想特征并寻找到帮你转介绍的人后，

你要设定一个推荐和转介绍的舞台给他们，你要设定一系列的奖励办法刺激他们，你要架设好一个请别人帮你转介绍的剧本给他们，这才能让他们发挥得淋漓尽致。

第一，先要确定你有一个良好的产品或有价值的服务。如果没有，你要改进。我的客户愿意帮我转介绍客户的先决条件就是，我有一个良好的教育课程，是真的能帮助我的客户的，他们才愿意上完课后帮我介绍其他顾客。而那些激励因素只是次要的，真正有用、有价值才是吸引顾客的根本原因。另外，你要分析出你和竞争对手的差异之处，你的公司能提供给顾客的独特的好处是什么。这样，你的产品就容易被介绍出去。

第二，向介绍人或者被介绍人提要求并发问。你要向他们提出要求，向他们发问，让他们知道你是希望能够服务到他们的朋友。你让介绍的人知道，通过这种低成本、低费用、低风险转介绍方式，他们就可以轻而易举得到一笔生意，你还会为他们提供一个有价值的服务。你要让他们知道，不管他们有没有介绍成功，只要做了这样的转介绍动作，你都应该给他们一个有价值的好处和服务。此外，你要将你转介绍的动作合理化。让他们知道，你大部分的生意都是通过转介绍而来的，这个动作以前很多人做过，他们很愿意介绍朋友来。他们之所以乐意介绍朋友来，是因为这是能帮到他们朋友的。

最后，你还要让他们知道，你之所以为他们这些介绍人提供一些好处和奖励是因为你用其他方式开发市场，会花更多钱。这样，那些介绍的人就会觉得做这个动作是合理的。

第三，给一些特殊的待遇给被介绍来的顾客。你要给一些特殊的待遇给他们介绍来的客户，让他们的朋友觉得，通过他们的介绍能得到不一样的待遇。这样被介绍来的人才会感觉到自己受朋友尊敬。

第四，与被介绍人进行接触活动。通过他们的介绍进行接触的活动。比如，你给被介绍的人打电话，或者向他们举行说明会、推广或者是让介绍人直接帮他朋友购买。

第五，给被介绍来的人和介绍人本人一个后续的感谢。你要提供给被介绍来的人和介绍人本人一个后续的感谢生日卡，或者请吃饭或者是年终答谢会，或者让这些客户持续得到你某种特殊的服务。比如，客户只要转介绍过，就可以成为你的一个特殊感恩客户俱乐部的成员。

第六，保持联络。你要保持不断和那些曾经帮你介绍过客户的人联络。因为他们是最喜欢帮你介绍客户的人，他们也是最容易帮你带来新生意的人，所以你要时常和他们联系。因为你的关心和联系，他们都愿意继续帮你介绍新客户的。此外，你还要告诉他们，他们的朋友现在接受你的服务的效果如何。这样，你不用花什么行销费用、时间成本，就可以得到新顾客。

第七，把握转介绍的时机。要在他们最能帮你介绍客户的时机，要求他们帮你介绍。比方讲，刚提供完你产品或服务时，他尝到甜头的时候，他满意的时候，他生日的时候，你帮助他做成一件非常好的事的时候，他结婚的时候，他与你感情最好的时候，提出介绍才是最好的时机。而我的介绍时机，可能是他刚刚上完课或者刚刚买完我书的时候，可能是他刚刚自己才成交完，变成我最棒的客户的时候，可能他刚刚在生意上得到某些成绩跟成就的时候。我有固定的转介绍的时间、要求顾客转介绍的时间以及程序和奖励品。

比如，有一位来你店里美发的顾客，她一进来你就问，有没有会员卡，是不是朋友介绍来的。她都说不是。于是你给她一张会员卡，还告诉她这张卡可以积分，而且积分越多，赠品越多，折扣越多。顾客非常感谢地接过你送她的会员卡。这时，你又给她一张副卡，还说她可以把这张副卡给她的朋友。同样，也是积分越多，赠品越多，折扣越多，但是这张副卡上的积分会分一半到这个顾客的会员卡上。只要积到一定的分数，她就升级为你们的高档客户。所以要在恰当的时机让顾客帮你转介绍，并给一些适当的奖励。

有关如何架设一个转介绍的舞台的方法和策略，我就讲完了。现在你就利用这把铲子在你的客户中找出最佳的转介绍人选，看看在你5天、10天、15天之后会得到多少业务转介绍。一般来说，一个正常营业的顾客转介绍系统将会使客户数量及利润立即增加。

第八把铲子：争取失联客户

什么是失联客户

失联客户就是本来跟你做生意，现在不再跟你做生意了的那一些客户。失联客户被形象地称为损耗，而损耗就是持续和你做生意的相反的一面，即停止和你做生意了。只要你重新启动这一些失联客户，你的业绩就会迅速地增加。

但是在找回失联客户前，你要先算出损耗率，才能做出相应的改变策略。损耗率就是每年流失的客户占你总客户的比例。假设你多年下来累积1万名客户，其中流失的顾客有1500名，那么你的损耗率就是15%。根据这个公式，你去算出你每年的损耗率是多少。大部分的公司都没有真正算过自己公司的损耗率是多少，所以它们就没有办法去针对这个数字做出改善，没有办法针对这个数字做出管理，当然也没有办法去衡量在争取失联客户方面做得好与不好。直到你了解损耗率之后，你才能相对地采取行动——留住客户。

假如你一年损失两成的客户，你就必须很努力增加三成的客户，你才能有一成的业绩成长。每一种生意、每一个行业、每一家公司都有客户离去，而你的任务就是将这个损耗率降到最低。只要你照这个步骤做，即使你停止招募新客户，你的生意依然可以增长。因为你堵住了损耗的缺口，新的生意或者是推荐的生意就会自动而来。这就是你不用再为损耗而苦苦追赶的原因，而追赶完的结果也只是打平而已。如果你损耗和追赶只是打平而已，也就是你的生意没有增加。如果你停止损耗，你自然成长的生意就是增加。只要把洞堵上，桶子里面的水自然不会流出去。而只要外面有再多一点的水进来，桶子很快就会装满。不管你从事的是哪一种生意，你的目标就是经常去检查你的损耗率，当然你要先统计流失的顾客有多少。然后再检查现在损耗率是增加还是降低，并且你还要找出那些不和你做生意的客户是谁及他们不和你做生意的原因。

顾客流失的三大原因

让你去找出顾客不和你做生意的原因，你可能会说出千万种。但是我告诉你的是大部分不再跟你做生意的原因有三种。

第一种：不是你的错。这种情况就是他们发生一些完全与你无关的事，使他们暂时和你停止了往来。但他们是有意识想要跟你继续做生意，他们有可能会回头，只是一直没有找到一个适当的机会采取行动跟你恢复生意往来。

第二种：出现问题或者不快乐。在上一次和你做生意中，曾出现问题或者不快乐、不满意，但他们没有告诉你，只是悄悄地停止和你的生意往来。

第三种：自身情况或者环境有所改变。他们自身的情况有所改变或者环境有所改变，使他们无法再从你的产品上获得利益了。

重新争取失联顾客的方法

如果是这三种原因造成损耗，那你该怎么去争取他们继续跟你做生意呢？你所要做的事情就是跟他们真诚地接触，比如拜访、写信、发短信、打电话。如果你不能做到，就要派你的客户代表、服务代表去接触这些失联的老客户。

首先，你要告诉他们真相，我们发现有一阵子你们没有跟我们做生意了。我们感觉不对，是不是我们没做好什么事？其次，表示你很关心他的情况。你最近的状况好吗？如果你们有任何的问题困难，我们愿意全力去解决。如果在谈话的过程中，你发现是你做得不对，你要表示你愿意改善、解决，并补偿他们。解决失联顾客问题的方法，就这么简单。但这是一个需要磨合的过程。因为有很多客户接完你电话之后，他们真的会感受到你的诚心诚意，进而跟你继续做生意。这个关怀的动作让你降低了损耗率，但是你必须持之以恒。你偶尔做一次这样的关怀动作是没有效果的，反而会使他们觉得你很虚伪，那结果就会更糟糕。关于这一点有个案例跟大家分享一下。

有一家航空公司收到一个顾客的抱怨信：我再也不要买你们的机票了，我再也不想搭乘你们的飞机了，因为我竟然在吃餐的时候，发现餐盒里面有蟑螂。最后，这封抱怨信被送到该公司的老总手里，老总就派人立刻回信。这封道歉信是这样写的：

亲爱的某某先生：

我对我们的错误感到极大的抱歉和羞耻，请允许我们在我们责任范围内进行一些道歉补偿改进。我们对该航班的服务员和餐厅人员进行了警告和处分，并且飞机已经消毒过了。你关心的事情，我们并没有把它埋没。

顾客看完了信后，感觉还不错，心情正在慢慢恢复好转的时候，他突然看到粘在信封背面的便签条。好像是这家公司高层主管告诉这个员工的话：把这封蟑螂信寄给这个家伙。因为看信尾巴的这句话，客户气得把信给撕了，并决定再也不去这家公司买飞机票了。

从这个案例中，我们可以看到向顾客道歉一定要真诚，并且要注意每个细节，才不会弄巧成拙。

大部分失联的客户是属于我刚刚讲的前两种，一种是暂时没有买，另一种是有抱怨，就像案例中的顾客。如果他们只是暂时脱轨了，只要他们再次接收到你的联络，他们有时候可能会有一点尴尬，但他们大多数人会很高兴你主动跟他们联络。通常在重新联络后的几天或几周之内，他们就很高兴地再次主动向你购买产品或服务，重回你的怀抱。如果他们上一次是因为有不舒服的感觉，你不仅要向他们道歉，还要补偿他们。比方，对他们家做一些特殊的事情如更换、淘汰旧产品，弥补这个差价或者提供免费的赠品，这些都可以让他们重新能把抱怨的问题给解决。方法听起来很简单，但你只要照着做就会有效。不信，未来30天里，你请一个人不断打这种失联电话，我保证你会看到有很多的顾客开始回笼了。这样做的附带的好处就是你还可以从联络这些失联客户中，了解到你的公司有什么缺失以及有什么可以改进的地方。**顾客的回馈可以让你的生意修正方向，发展得更好，让你以后不会再失去更多的客户。**

顾客会投向竞争对手的怀抱，有时候并不是竞争对手很好。可能竞争对手对他们也不一定真的很好，也不一定能像你一样能为他们带来这么大的好处和利益。他们之所以离开你，只是因为当初出现问题或者不愉快，使他们无法自行归队。当你跟他们接触的时候，你会发现有这一种人并不想在别人的生意里面继续下去了。他们想回来，但由于你不联络他们，他们也不好意思回来。所以你现在重新联络他们等于是给他们一个台阶下，给他们一个重新跟你做生意的许可和暗示，让他们可以重新和你做生意。

将所有失联客户的数量加起来，通常这些失去的生意量就等于你去重新取回的生意量。如果将你的损耗率减少一半，减少这些可能失去的数额就等于是增加了业绩。

因为它被减少了就等于增加。举个例子，你有1000名客户，如果每年损失两成，那就等于有两成的损耗率，也就是你一年损失200个客户。如果你将损耗率减一半，即只损失了100名，而你另外的100名失联客户被你堵住了。而这每年增加100名，10年下来不就等于又增加了1000名吗？

光靠把损耗率减少一半，你的客户就增加一倍，这是你一定要思考的事。

什么都不要做，只需要减少一半的损耗率，10年就可以让你的事业成长一倍。如果你愿意从现在开始定期请专人或你自己跟他们沟通，你就会发现在接下来的时间内，那些本来要损耗的顾客回头购买产品了，也就等于增加新生意，带来新业绩，带来新的利润。而这不是偶尔做的工作，你要把它定出政策。

现在在你的事业当中，拟定一项公司的政策，每隔多久时间要统计出失联客户名单，按照优先级排列；每隔多久时间要打多少电话服务失联客户，并争取他们再次订货。最重要的是要把这个政策推动下去。

制定这个政策跟计划的时候，也要有专人打电话或者你自己，如果你不行的话，也要公司高层的人物去做这项工作。因为根据顾客服务法则，**越重要的人来服务，服务的效果就会越有效，顾客的满意度也越高。**

如果你要定义出失联客户，也要具体明文定义清楚，你要先找出活跃客户的购买模式，到底是一段时间他会回头几次，每次金额多少，会帮你介绍多少客户？

找出这大部分平均的购买模式之后，只要他不再照章行事，你就把他定义为失联客户。而你的工作就是要去扭转乾坤，让他们回到轨道上来。还有当你制定这项政策的时候和联络这些失联客户的时候，你必须做以下的三件事。

制定政策和联络失联顾客必须做的三件事

第一件：你要提供重回怀抱的特殊奖励。你要提供重回怀抱的特殊奖励，也就是说这些客户并不是故意不跟你做生意，只是偶尔太忙，忘记了。只要他们一接受你的联络，就会有机会再帮你介绍新客户或者再回头跟你做生意。为了刺激他们快速行动，你要给这些老客户特殊的奖励。

第二件：对于那些本来对你公司不满意的有抱怨的客户现在你要争取他们回头。你要给他们一个补偿方案，你可以有一个免费的晚餐，你可以有一个特殊的礼品，你可以给一个特殊的交易条件，你可以给一个特殊的感谢仪式，让他们再度回头。

第三件：和那些已经不再需要你产品或服务的顾客联络的时候要表达感激之情。谢谢他曾经给过你机会，谢谢他曾经跟你做过生意。感谢完以后，请问他是否能帮你介绍新客户，并且表达你很愿意为他的朋友继续提供服务。他们有些人会乐于协助的，这是一个比例的问题。

第九把铲子：以物易物

一对一的交易

以物易物就是你不费一分钱就可以赚大钱。它是一种最好玩、最有趣、最刺激，也是最有利润的商业模式。

假如在乡下，你需要一把石斧去砍柴，但是你没有钱可以买，于是你就把家里的鹿拿去跟一个有石斧的人交换，这就是传统的以物易物。

现在我要谈的以物易物是在传统的以物易物的基础上发展出来的，是一套更复杂、更高层次的商业模式。只要你学会这些以物易物的方法，就等于你在为你的企业搭建一个最能获利的部门。

在美国佛罗里达州，有一家小广播电台，这家电台的老板发不出薪水给员工。于是，他就想到用他的广告去跟当地一家五金行换开瓶器，然后把开瓶器卖出去换成钱来支付员工的薪水。电台的老板果真去找五金行的老板谈这件事。他对五金行的老板说，我给你一个广告时段帮你打你五金行的广告，但你不要给我钱，你给我1400个开瓶器就行。这样子你的知名度提升了，可能会有多一点人来跟你买东西。五金行的老板觉得这个主意不错，因为对他来说一个售价为10元的开瓶器，成本也就3元，现在他只用3折的广告费就可以换到一个广告，并且他不用给现金，只要付一些存货给电台就行，所以他就答应了。

这家广播电台拿到了1400个开瓶器之后，就开始帮五金行打广告，但是他在广告上面有说明要买开瓶器，请打他们广播电台的销售电话。广告一播出去，真的有很多听众打电话去订购开瓶器，不久电台就把1400个开瓶器销售一空。电台老板就用销售开瓶器的钱给员工发薪水。后来，电台老板觉得这种生意模式不错，就开始经常拿广告去交换各种产品和服务。同样，他把这些产品和服务拿回来后，又开始帮人家打广告，还顺便在广告中卖这些产品给听众。没过多久，这家广播电台扭亏为盈。后来，电台老板又想到把这种行销模式用到电视上，结果他大获成功，把一个地方性的销售产品的频道变成一个覆盖全国的电视频道。这家公司现在每年的营业额超过10亿美元，公司改名叫家庭购物网，就是现在大家所看到的电视购物。

在商界不乏有人用自己的产品或服务去交换东西回来，也就是人们常说的资源交换、资源整合，但极少有企业能像这家电台一样用自己的产品或服务换回高额利润和现金。我现在要教你的就是这种能大大提升你的利润的、能通过交换就赚钱的以物易物。有时候这种交换可以使利润提高5到10倍，可以让资本变得无限大，像空白支票一样延迟付款，使成本更低，而且不用现金。以物易物还可以让你的购买力更强。因为不是用现金，而是用你的产品或服务去购买东西，所以能用更优惠的价格买到你本来要付更多钱的东西。

什么样的东西适合以物易物呢？任何东西都适合。只要你的产品或服务的成本比市场价低，你就可以拿来以物易物。

例如，汽车的销售商可以用他的汽车去换广告。因为汽车大家很喜欢，所以交换的可能比较大。说不定一部15万元的汽车可以换到两三倍的广告，也就是换到30万元或者是45万元的广告。另外，像电视、空调、家具等实体商品也是大众比较需要的东西，也比较容易交换到，说不定能用它们换到好几倍的。再如家庭维护的保洁服务、保姆服务、办公室维护的清洁服务、电视广告、网络广告、培训课程等都可以拿来交换。而像律师、会计师、医生、咨询师等服务性的职业也都可以用自己的服务来交换办公设备、医疗服务，或者换任何你要的东西。只不过要看对方的需求度和认知度，还有就是和对方的产品来决定交换的额度。唯一要注意的是税金的问题，关于这一点你需要跟你的会计师讨论一下是否在税务上有什么要注意的事项。

刚才所讲的交换都是建立在对方有需要的基础上，倘若你要跟对方交换的产品或者服务不是他们需要的，那应该怎么呢？是不是就不能用以物易物这个方法了呢？当然还是能用的，只不过不能再用我刚刚所讲的一对一的交易了。这时，你就要绕一个圈，也就是三方交易，我称其为三角交易。接下来，我就讲一讲以物易物的另一个重要的交换方法。

三角交易

三角交易是以物易物的方法当中最厉害的一招。三角交易就像三角恋爱一样，我爱你，你不爱我；但你爱他，他却爱我。这听起来好像很复杂，实际上只要你搞懂了三角交易，它可以解决你现在任何的财务难题，它还可以达成你现在任何的利润目标，它可以帮你达成任何你想要的交易。而这点是传统的一对一交易无法企及的。接下来，我就通过一些具体案例教你如何使用这个方法。

现在我们来假设一下，你在经营一家餐厅，而你的餐厅的营业额跟成本的比例大概是5倍。现在你想用餐厅里面的饮食服务向当地的汽车经销商换一辆价值8万元的新车。可是，这家汽车经销商并不需要你价值8万元的餐饮服务，而其他汽车经销商同样不愿意跟你交换。他们觉得凭什么要给你8万元的车子，现在他们又吃不了你8万元的食物。如果是你遇到这样的情况，你应该怎么办呢？

这时候，你就要用以物易物中最厉害的三角交易来达成你的交易了。首先，你要从汽车经销商的角度来思考：作为汽车经销商他到底要什么？他无非是想卖掉更多汽车，赚更多的钱；想要省钱，降低他卖车的成本费用。所以，你仔细研究就会发现大部分的汽车经销商，每个月大概要花4万元到8万元的广告费在报纸、杂志、电视台等媒体上。如果你搞懂了这一点，就可以开始利用三角交易来达到换取汽车的目的了。因为你经营的这家餐厅在当地颇有知名度，所以当地不少电视台、电台、报社每年都会在你那消费掉大笔的金额。既然这样就可以去找他们谈，你可以这样和他们说：我帮你们算了一下，你们每年来我这里吃饭就要花好几万块钱，并且都是要付我现金。现在我给你们8万元的签账额度，你们可以利用这8万元来吃饭。不管你们是自己来吃饭还是招待请客吃饭，都只要签个字、拿餐票就行，不用再付钱了，但你们要给一个我同等价值的广告。

如果他们同意你的这种做法，你就等于拿8万元的报账额度跟他们换广告，然后再用广告去换汽车。但是因为汽车的利润比较低，餐厅的利润比较高，所以交易的额度可能要比车价高2倍到3倍，这样三角交易才有可能成交。所以你就要拿16万元的签账额度去换广告。这16万元的签账额度对你来说，实际成本才多少呢？如果成本是营业额的1/5的话，那才3.2万元。也就说你只用3.2万元就跟电视台、电台、报社换到了价值16万元的广告，而且是用签账额度的方式，不用付任何现金。

如果能达成这样的交易，你觉得好不好？当然好了。因为你这家餐厅的信誉不错，加上他们也有这个需要，所以就有电视台、报社愿意跟你交换。结果他们得了你16万元的签账额度，而你就得到了16万元的广告额度。然后，你就拿着这16万元的广告额度去跟汽车经销商谈换汽车的事。但是，你在和汽车经销商谈的时候，要用1.75∶1的比例来做交易。也就是只用14万元的广告去换8万元的汽车。看到这里，你一定会问为什么不是拿16万元去换呢？我刚才不说要用双倍去交换吗？这中间的2万元要干什么用呢？我等一下再跟你解释，现在我们继续接着这个谈。你给汽车经销商14万元的广告，他绝对可以用来打汽车广告让他的汽车卖得更好，并且他这个广告是用优惠的折扣价取得。所以汽车经销商会很乐意做这笔交易。为什么呢？因为他不是拿14万元的汽车去换14万元的广告，而是用8万元的汽车去换的，而且这台汽车的成本有可能是6万元，所以他可能接受这笔交易。另外，汽车经销商的老板也会想到，反正每个月他都要花4到5万元的广告费，这样三四个月下来，他也要花掉14到15万元的广告费，并且都要付现金的。现在不如一次拿一台成本价6万元的车去换，成本才6万元就换到额度14万元的广告。一想到能省这么多广告费，汽车经销商马上答应了和你做这笔交易。

你想想看，这位餐厅老板用价值16万元的餐费，本钱也就3.2万元换到一台8万元的新车。这等于你以零售价的40%左右买到一台新车，节省你60%的支出了。

请问，如果你是这位餐厅老板，愿不愿意做笔交易？如果你是卖车的经销商，你愿不愿意用成本6万元的汽车买到10万元的广告？如果你是电视台或电台的，本来你要吃饭花钱，现在让你拿卖不掉的广告去换餐厅签账额度16万元的餐费，你愿不愿意？这三方都有可能愿意达成这样的一个交易，因为对他们三方来说都有好处。好处当然不止这些，餐厅的饮食支出是要慢慢支付的，他们不是一口气来吃光这16万元的东西，所以你等于向电视台或报纸融资3.2万元，而且是免付利息的。甚至你未来餐厅的定价可能会水涨船高，所以它的购买力对电视台、电台和报纸来说会打折扣，他们越慢用完这个额度，对你就越有利。如果他们三年才用完这种额度，可能你就又节省了8000元。这怎么理解呢？我们以涨价或者是免息来作为3.2万利息来说，你可能从中挤出8000元的价值。换句话说，这辆8万元的新车，你不是以3.2万元买到的，而是3.2万减掉8000元。等于你只花2.4万元的成本买到这台新车，而且还免息三年。

通过这个案例分析，你知道怎么用三角交易了吗？你经常可以去想出更多这种三角交易的方法。接下来，我就跟你解释那另外2万元的广告额度去了哪里。你可以再找一家其他的商店将这2万元的广告额度以6.5折卖给他们。这样你等于另外赚到1.3万元，而这1.3万元足以让你付汽车的牌照税、一年的保险费、机油费了。甚至你可以自己刊那2万元的广告来宣传你的餐厅。换句话说，你以2.4万元的成本取得了8万元的车，而没有支出任何一分钱的现金。所以你要不要学会这个三角交易呢？

在这里我是以餐厅、广告、汽车为例来讲这个三角交易，其实任何商品或服务都可以进行三方交易，只要能满足三方的利益就可以用。不要停止思考，不断地思考，不断刺激，不断地联想你可以跟谁去交换。有时候使用权比拥有权更好。

比方讲，如果汽车经销商不愿意用新车的所有权去做交换，那就用两年的使用权做交换。反正能变通一下也不错。最后，如果你没有餐厅、没有汽车，那你要怎么去进行交换呢？你仍然可以用三角交易，只不过你可能要成为三角交易的中介人。找这三方都要交易的对象后，你先和这个餐厅老板谈。你告诉他，我可以帮你找到一台8万元的新车，并且不用花你一分钱的现金，但是做成这笔交易后，你要给佣金。这笔佣金就是从你额外赚到的钱中提取10%给我，也就是8万元减去2.4万元的本钱，大概也就是给我5000多块钱。如果做成这笔交易，你愿不愿意付给我这笔钱呢？如果餐厅老板同意了，你就再跟汽车经销商谈。你可以这样跟汽车经销商说，我只要你用6万元的汽车成本就可以买到14万元的广告。14万元的广告减6万元的成本等于你额外赚到了8万元。那你就这付我8万元的10%，也就是给我8000元的佣金，你觉得可以吗？汽车经销商觉得没有问题。于是你再去跟电视台或电台讲，你们的这个时段的广告反正也卖不出去，那还不如拿它去换。现在我帮你们换100%的额度，也就是用16万元的广告换16万元的餐厅签账额度。而你只要付我10%的佣金，等于你只要给我1.6万元的佣金，我就能帮你换16万元的餐厅签账额度。你觉得怎么样呢？电视台同样没有拒绝你，结果你轻松地得到了三方付给你的佣金。虽然你没有产品或者服务，但你却用三角交易的方法赚到三笔佣金。所以三角交易并不局限于有产品或服务的人才能用，只要你懂得原理，你就能利用它为你赚钱、为你服务。只要你学会成为三角交易的操作者，你就是一天到晚在利用杠杆原理操作你的事业。**三角交易的诀窍基本是用别人的货物，用别人的钱，用别人的资源，来创造你的财富。**只要你有各行各业的人脉和各行各业的资源，你就可以问他们是否愿意来进行这种交换。

如果愿意的话，加入到你的交换联盟来。你可以因此成立一个庞大的企业——以物易物的公司专门帮别人换东西，最后成就你的财富。这不就是可以零成本创业吗？如果他们不愿意付你10%的佣金，就让他们付20%的货物也可以啊！然后你就把这20%的货物再销售出去，如果销售出去可以销售到15%的话，你等于得到的比佣金还要更多5%的收入。所以不一定要用佣金支付给你，用实物支付给你，你同样能赚钱，甚至赚更多。

但是这种实物交易有几点需要注意的是：第一，你不用把货搬回来。只要找到有需要的人，再进行交换。一旦你在中间操作成功后，你就可以获得中间的利润了。第二，请他们写好抵账的额度，并注明这个签账额度是可以转让的。这样你就可以变成更多的现金。如果是比较畅销的商品，就可以全价转让出去；如果没那么畅销的产品，你可能就要照这个抵账额度打折销售出去了。

以物易物可以让你赚大钱，以物易物可以让你建立自己的事业，以物易物可以让你当中间人，以物易物也可以提高你的营业额。因为你以物易物换来的东西是有价的，而有价的东西是可以销售给别人的，所以它不占用你的成本、资金，却可以用以物易物得到的资源创造多余的营业额和利润。这是现金交易做不到的，因为你没有这么多的现金。以物易物可以让你不需要太多的现金周转，仍然可以维持营运，甚至可以拿来发薪水。

在佛罗里达州有一家叫嘉年华的油轮公司。当初，它只是一家小小的油轮公司，整个公司就只有一艘船。因为资金不足，他们拿舱位跟100多个城市的广播电台换广告。他们换到广告之后，旅客就来了。旅客来了之后，一定会到酒吧赌钱消费，最后还会买纪念品。虽然这些舱位没有让他们收到现金，但却让他们换到了广告，间接让他们赚到更多的钱，还增加后续销售。这家油轮公司利用这个方法成为全世界最大的油轮公司，而且他们在100多个城市不断地打广告，打了十几年一分钱也没花，保守估计创造的营业额是1亿美元。而刚开始的时候他们只有一艘很老的小破船，却用以物易物这个方法创造了奇迹。

在美国，棕榈泉市的旅游局会在各媒体打广告，但他们给广告公司付广告费用是有条件的。第一，这些媒体公司必须每年到棕榈泉旅游。第二，这些媒体公司内部的旅游费必须要花到棕榈泉去，并且消费的总金额要与广告费等同。媒体公司要凭购物的消费收据才能领取广告费，这样几百万的广告费出去又流回来棕榈泉的商人的账户里。许多购物中心也模仿这样的官方做法，将广告费又流回自己购物中心的商家，也就是说我为你做广告，但是你拿我的广告费，你每年就要来我这边给你的员工或者客户采购礼品。最后，你拿采购的发票来领取你的广告费。通过这种方式钱又流回了商家的账户里。这种模式不仅在商业交易中被广泛运用，许多公司的员工和股东福利也是用以物易物的方式给出去的。可能是公司将自己的产品给股东或员工，也可能把产品当成是圣诞礼物送出去。无论是给推销员的奖励还是吸引客户的礼物，他们都不给现金，而是给产品，这样可以节约大量的现金支出。

经济越不景气的时候，以物易物的方式越可以创造更多获利的机会。因为大家都缩紧银根。而以物易物可以防止不景气，以物易物越是不景气越要用，用起来越好用。

以物易物的交换条件

我已经讲了很多关于以物易物的案例和方法，无论你用其中的哪个方法，都能让你不费一分钱赚到大钱。无论你是否拥有产品或者服务，你都能用以物易物这个方法为你创造财富。但是你要想让你的每一笔交易都顺利进行，你想吸引别人来跟你交换，你不可忽略交换的两个条件。只要让你的产品或服务都具备这两个条件，那交换起来就容易了，你也能交换更大的价值。这两个条件分别是：一、没有时间限制；二、可以转手给别人。其实在讲前面的内容时，我就提到过要注意这两方面的事。现在我就通过案例来讲解这两个条件。

假设你是卖空调的，现在你想要用空调去交换办公室的设备。于是你就拿出电话通信录找出售办公家具的零售商或批发商的电话，然后就逐个给他们打电话。你说，我们办公室里面大概需要购置8000元的家具，但我想用空调跟你们交换。我相信你应该得到8000元的空调，这也可以帮你们减少一些支出，要不然等到你们需要空调时还拿8000元的现金去买……

在交换的时候，你强调要以零售价来交换，而不是以折扣价来计算。因为最好的以物易物是以零售价去交换。大部分家具的定价是成本的两到三倍，甚至是好几倍。如果定价是成本的好几倍，等于他用零售价的一到两折的真实成本来买到原来要8000元的东西，也就是说家具商只用1000元或者2000元就可以买到你8000元的空调了。所以你要强调用零售价跟他换。另一个家具商愿意跟你做这笔交易的原因就是家具生意往往竞争很激烈，他要打折才能卖掉。所以他零售价为8000元的家具，可能要打折打到7000元、6000元、5000元、4000元才能卖掉。所以现在他听到你要用8000元的零售价跟他换，他就觉得实在是太值得了，一下子就可以让他赚到两三倍的利润。这样你就得到家具了，但他是否需要空调不重要。只要他未来需要空调，他就会跟你换。为什么呢？因为你现在暂时不用给他空调，你可以对他说，我知道你们现在暂时用不到空调，但你可能以后会用到，所以我决定要给你一个价值8000元的空调的凭证。你什么时候拿这个提货券来提空调，通通都有效。如果他是一年后才来提的话，那等于你一年后才要支付这个8000元的空调，等于你又无偿占用了人家8000元的资金。你算一下这8000元的资金一年的利息是多少呢？假如是10%的话，你额外又多赚了800元。在此次交换中，你让对方随时来提他的货，就是在为对方创造没有时间限制的交换条件。

没有时间限制是以物易物交换的重要条件，也是能交换成功的重要秘诀。假如你现在就需要对方的产品，但是跟你交换的人可能现在不需要你这个产品，你可能会担心因此而无法交换成功。不要紧，你告诉他随时可以来取货，你给他提货凭证，给他没有时间限制的保证，这样他就会愿意跟你交换了。如果他现在不需要8000元的空调，在未来一年也不需要，那他拿着这个提货券可能没有用。如果是这样的情况他可能就会犹豫要不要跟你交换了，这时你就要为他创造另一个交换的条件就是他手上的凭证是可以转手给别人的，让他彻底找不到不跟你交换的理由。比方讲，这个家具商的供应商正好需要空调，那他就可以将这个8000元空调券拿来抵货款。这样家具商就可以少付8000元的货款给供应商，而供应商就可以拿着这个空调券去提空调了。只要交换起来很方便又有利可图，对方就很愿意你交换。所以你要记住交换的两个条件：第一，没有时间限制；第二，可以转手给别人。总之，你要给出合理又吸引人的条件才有实现交换的可能。假如这个家具商真的不需要空调券，他只想要现金，那该怎么办呢？那你可以告诉他，你可以把空调券拿去卖给有需要的人。你可以将8000元的空调券以6000元转手出去，我仍然会给出8000元的空调。这样你还是能得到6000元的现金，如果你去卖这个家具，也不一定能以6000元卖出去，有可能低于这个价格才能卖出去。所以家具商就同意跟你交换。

不管你和对方谈成什么样的交换，只要你的条件是合理的、吸引人的，他还是有赚头，他还是可以把产品转售给别人，他还是可以得到他需要的现金。只要你头脑灵活，思维开放，戏法人人会变，巧妙各不同。但有几个基本原则要注意：

第一，要坚持交易的产品或服务是可以转让的。

第二，不要将你的产品或服务以低于零售价的价格去交换。

第三，交易的产品或服务价格越高，交易所得的购买力也就越高，但是换来的却是可以用低于交易的价格去换取现金来销售的。

以物易物的好处

第一，以物易物最高可以节省你80%左右的购买金额。

假如你的产品单价为1000元，进货价是200元。现在有一个人需要你的产品，但他不想用1000元的现金支出来买。于是他就问你，能不能拿他的产品来跟你交换。他是卖服装的，他深知服装一旦过季，堆在仓库里就不值钱了，所以他迫不及待地想用他的衣服跟你交换。他想跟你交换的这件衣服正好是你喜欢的，原价为1000

元。所以你就同意了他用这件衣服换你的产品。

在这次交换中，你用成本价为200元的产品换到了原本要1000元的衣服。这不仅让你避免了现金的支出，还让你节约近80%的购买金额。而对于那个跟你换东西的人来说，他也避免了衣服过季的贬值，大甩卖时候的贬值，还立刻得到了值1000元的购买力。这种交易对双方都是有好处的。

第二，用你已经支出的成本获取你需要的东西。

对于这个知识的理解，我们仍以服装店为例来讲解。服装店摆在店里的衣服，无论有没有卖出去，服装店的老板都已经将这笔成本支出了。所以能拿服装换取到等值的服务，这不就是你用已经支出的成本获取你需要的东西吗？这不仅不需要你额外再花钱，还减少了你的现金流量的支出。

第三，购买的东西可以取得好几年的免利息的融资或更优惠的价格。什么叫买的东西可以取得好几年的免利息的融资或更优惠的价格呢？比方讲，广告公司登一次广告的收费是1万元。现在广告公司想用价值100万元的广告跟一个房地产开发商换一套等价值的房子。现在我们就来分析一下，广告公司是怎么利用这次交换取得好几年的免息的融资的。

广告公司用100万元的广告跟房地产开发商交换，这并不代表它一次要将广告登100倍大，可能是要拿100次的广告服务去交换，也就是登100次。如果它是每个月帮房地产开发商登一次广告，那么这价值100万元的广告可能要100个月才登完，等于要用八九年的时间才用完这个100万元的广告费。等于广告公司现在没有付这100万元出去，也没有支付价值100万元的广告成本出去，就换到了一套价值100万元的房子回来。尽管这个价值在未来广告公司也是要付出去的，但是它是要花八九年的时间去支出，并且是分100次支出的。如果你买房子是分期付款的话，你每个月还要付银行的利息。广告公司这100万元的广告费也是分期付出去，但它不用付给谁利息。它等于用这100万元得到一个免利息的融资。你无息暂用，你延后偿付这100万元。这个好处实在是太大了。

行动步骤

第一个步骤：先列出你公司所有的产品或服务。先把你公司所有的产品或者服务的项目，如货品、材料、设备、咨询、空间、技术等一一列出来，甚至那些存货、废品，你也可以把它们列出来。你就把这些产品或服务的名单写在一张空白纸的左边，并注明这些是你们公司可能再也用不到了。

第二个步骤：列出你公司定期要购买的产品或需要的服务。把你公司定期要购买的物品或需要的服务及能提供这些产品或者服务的商家、厂家等的名单一一列出来，然后再把它们写在空白纸的右边。

第三个步骤：对比左右两边的名单，看哪些是能交换的。将上面列出来的所有名单仔细比较，然后看有没有可以交换的或者有没有可以半买半交换的。如果这两种情况都没有，就看有没有它们之间可能互相相交换的。你跟一家交换完之后，再把这一家的东西拿去跟别家的交换，也就是我刚才讲的三角交易。

第四个步骤：小规模试验。找出你可以交换的对象后，你就要开始去行动。一开始你可以先做一些规模小的一对一的交易，然后慢慢扩大交易的规模。接着，你就可以去尝试比较高层次、复杂的三角交易。

工具就是铲子，这九把铲子我就一一讲完了，希望你能借助这些工具挖到宝贵的金矿。

第六章　长期倍增业绩的六大涡轮战略

第一大涡轮战略：做好市场策划

市场策划四要素之一：专业化

涡轮战略就像为你的汽车装上涡轮推进器一样，你只要一按，车子会冲出去。你如果想业绩一飞冲天的话，就给你的企业装上涡轮推进器。能让你的企业快速运转的涡轮战略共有六个，我现在就一一跟你分享。只要立刻执行这六个战略，并按下这个按钮，你的企业就会立刻倍增利润、倍增业绩。

你想让企业的涡轮战略高速运转，你首先要为你的企业装第一个涡轮推进器，那就是做好市场策划。如果一个企业没有事先做好市场策划，那它就准备着倒闭。市场策划有四个基本要素：专业化、差异化、细分市场、集中资源。只要你的市场策划符合这四个基本要素，你的行销战略、行销战术一用下去效果就更好了。

专业化就是专注于特定的产品或服务，专注于特定的市场，只服务特定的顾客。倘若你越能把你的精力集中在一个焦点上，你越能赢得顾客的青睐。就拿我们的创富教育来说，我们只提供有关于获得财务自由的盈利课程，而像激励、投资方面的课程我们是不提供的。我们只专注于帮你创造财务自由，创造更多财富，也就是只教你赚大钱方面的特殊技能和训练。

至于市场方面，我们只服务中小企业主这一个群体。因为这一群体的人处于创业的初级阶段，各方面的创业能力和技能并不完善，所以我们就针对这一群体的特殊需求给他们提供创富教育。所以那些要创业或者正在创业的人都适合参加我们这方面的培训，但是那些大企业就不必来上我们的课程了，甚至它的员工也不需要来上我们的课程。如果你是想学习投资、理财、激励等方面的知识，可能我们这个创富教育也不适合你。我们只服务一种人，就是想从小老板变成大企业主的人，所以有人想创富就会想到我们。只要你是专业的，顾客一有这方面的需要，他第一个会想到你。比如，有人要买电脑就会想到IBM，要去屑就会想到海飞丝。所以你要努力把自已变成某个领域的专家，而不是杂家，这也是你的企业要考虑的第一个问题。事实上，你想在众多的领域中提供众多产品给众多客户，是不现实的。现在对于你来说，要做的就是检查你的企业，看看你跨过哪些领域了，产品种类是不是太杂了，服务的顾客范围是不是太广了。如果有这种情况，你就要把那些多余的、你不擅长的统统删除掉，这样有利于你专注在某个点上。或许你会担心，这样做会影响到业绩。其实，当你经营的那个层面越窄，别人就越觉得你是专家。而这个市场的所有客户一想到你是专家，就都会去找你。这样你在这个领域的占有率就大大提高，利润自然也提高了。

行销一定要专精。拿破仑说过，假如我要给你一个成功的建议，我唯一的建议就是你要成为一个专家。假如，有一个医生对你说，你有胃病找我，你有骨病找我，你有妇科病找我……只要你有病都可以找我，我什么病都能治。试问，你敢找这样的医生看病吗？当然不敢。所以在大市场中，想要当行业的领导者你就要集中所有的能力在核心业务上。你有没有想过你的产品或服务究竟在为顾客提供什么利益？我的工作就是协助你立刻赚大钱、倍增业绩，提高利润，增加销售。那你的工作是帮客户达成什么样的利益呢？使你能在这个领域领先的核心竞争力是什么？你有什么专利、方法、技术、产品让你在这个领域能为顾客提供最好的利益？找出你的核心竞争力后，你还要想你能为客户解决什么特定的问题？你能满足顾客什么特定的需求吗？这就是专业化，也是你要去考虑的问题。如果你的生意做得太杂，顾客就不容易记住，业绩就也不太理想。比方讲，你想买休闲服，你首先想到不是百货商场里买，而是想到要去卖休闲服的佐丹奴专卖店买。为什么？因为人家专业化，顾客容易想到它。我相信大部分人会像你一样买衣服会去专卖店，所以百货商场卖衣服的专柜的业绩就不如专卖店的业绩了。所以你要删除你的企业中过多不必要的产品跟服务，删除过多不必要的顾客让你的公司看起来十足像个专家。如果你不信，就去看市场上那些成功的企业，它们都是十足的专家。

市场策划四要素之二：差异化

每一个行业都有众多的竞争对手，所以你不仅要做一个专家，还要与众不同，才能在竞争中独占鳌头。差异化就是怎样你才能做得比竞争对手更好，然后通过这一点来区隔你与竞争对手的产品或服务。我刚刚所讲的专业化是集中所有的优势服务特定的市场、特定的顾客，在特定的领域做专家。而差异化就是要找到你这个行业中，还有谁是你的竞争对手，找到竞争对手后你要想在哪些方面你是可以超越他的。然后就朝着这方面去努力提高、改良，尽可能把这个不同点做得越鲜明、越特殊越好，让竞争对手无法超越你。

总之你要做得比竞争对手更快、更好、更经济，让顾客用起来更方便，买的时候更容易。只要你这个差异化特别点比竞争对手更加突出、更加不可重复，你就会在你的行业竞争中变成龙头老大。这是一个讲个性化的时间，顾客要的是特殊的，而不是要平凡的。每当顾客消费的时候，他总在问你的产品或者服务跟别人的有什么不同，你这一家跟另一家有什么不同？顾客就是这么喜欢不同点，所以你得拿出不同点来吸引顾客。如果你拿得出不同点，你就会在短时间内获取市场所有的注意力。

为什么那么多歌星唱歌都字正腔圆，却没有红，而周杰伦唱歌唱得含糊不清却红了呢？因为他跟别人不一样，他懂差异化。他唱得含糊不清，给人耳目一新的感觉，咬字不清还红遍华语歌坛，所以他引起了大家的注意。只要有人再模仿他唱歌的调，别人就会说他学周杰伦。他这个不同点成了别人不可超越的，所以他很快成为了华语市场中最成功的男歌手之一。他的成功最关键在于他的市场策划。

市场策划四要素之三：细分市场

细分市场就是当你做得比所有对手更好的时候，谁才是可以从你的产品或服务中获益最多的客户；当你做得比对手更好的时候，谁才是获益最大的那一种人。

你要把那种人精确地分析出来，分析出谁是你今天最好的客户，谁明天可以成为你最好的客户。你可以按照年龄、职业、收入、资产、家庭、地区、特殊习惯、嗜好等去分析顾客，这能帮你很快速地找到最精准的目标市场。一旦找到目标市场，你就集中精力服务这个市场的顾客。在这里，我跟大家分享一个细分市场的案例，看我是怎么用细分市场这个策略的。

培训市场竞争很大，很多人都搞培训，但我们不像其他人一样什么市场都想占有。我们只把目标放在以下四种人的身上：第一，他必须是月收入在5位数以上的人。因为他收入相对高，所以比较容易成为我们的课程使用者。第二，他必须是创业的老板、老总。因为他希望从小老板变成大企业主，所以他也比较容易成为我们的使用者。第三，他必须要爱好学习到处上课，容易成为我们的使用者。第四，他必须要性格很主动、很积极、很热情。因为这种很主动很积极的人，容易影响身边的人一起来上课，所以我们也会找这样的人来上课。我们就这样细分再细分，细分到最后我们就只服务具备以上条件的顾客。而那些不符合我们条件的人，我们尽量不去碰，不去找，以免浪费时间和精力。所以你一定要清楚你要服务的是哪种人，是女士还是男士，是未成年人还是成年人，是儿童还是青少年，是孕妇还是一般的家庭主妇，是年轻的小姑娘还是老年人。如果你明确了你的服务对象，就更好地制定特殊的行销策略。如果你没有搞清楚你的细分市场的话，即使你在市场上花费再多的成本，也得不到你理想中的利润的。任何一个企业的资源、人力、物力、资金都是有限的。通过细分市场，选择了适合自己的目标市场，企业可以集中人、财、物及资源，去争取局部市场上的优势，然后再占领自己的目标市场，从而实现利润最大化。

市场策划四要素之四：集中化

集中化就是你要把策划销售等各方面的时间、人才、金钱这些重要资源，全部集中在那些最好的潜在客户身上，你才能获得最大的回报。也就是集中优势兵力，把人通通都拿去服务这个最好的细分市场；集中优势战力，把所有的资金拿去投在服务这个最好的目标市场，集中所有的策划，在这个目标人群身上下最大的工夫。这就是所谓的集中化。

做好市场策划的四个基本要素，我都讲完了。现在你要把这四个要素都用到你的企业中。任何一个成功的企业都需要一个有效的市场策划。因为**一个好的有效的市场策划会让你的企业像装上涡轮推进器一样，立刻能够冲出去拔得头筹。**法拉利是最快的跑车，也是因为装了涡轮推进器，才变成超级赛车。如果你也想你的企业变成超级赛车，你就立刻根据这四点去问自己的公司：到底你要在什么产品或服务中成为佼佼者？你要专业在什么领域？你应该怎么跟对手区隔开来？你决定要选择哪些细分市场？你的客户到底在哪里？谁才是受益最大的人？你怎么样组织你的企业人力、物力集中到你的目标客户上？为了达到刚刚的四个策划，你现在应该立刻做什么，立刻停止什么？

总之，你想成为市场上的领导者，你就让你的企业具备这四个要素。

第二大涡轮战略：改进行销

你的企业已经有一个不错的涡轮推助器了，可是你知道吗，汽车要不断飞速向前，就需要不断更换涡轮推助器。因为市场是不断变化的，所以你的企业也要不断更换新的涡轮推助器，才能适应瞬息万变的市场。这就是我接下来要讲的第二个涡轮战略——改进行销。行销永远没有最好的，只有更好的，所以你要不断地改进行销。改进行销有四个因素，这四个因素决定着你的企业的未来。这四个因素分别是：第一，你卖什么；第二，你的产品定价多少；第三，你怎么卖；第四，在哪里卖。

第一，你卖什么

在改进行销的过程中，你首先要问自己的是：你在卖什么，也就是你要提供给顾客什么。这个卖什么，你不要以你卖的是什么来思考，而要以顾客要的是什么来思考。听懂意思了吗？你要明白你卖给顾客的不是具体某个产品或者某种服务，而是卖给顾客某种好处、某种利益、某种需求、某种问题的解答方案。比如，顾客会跟我们购买光盘、教材、书籍、门票等，在这里我想告诉你的是，我卖给顾客的不是光盘、书籍，而是能使他倍增业绩的方法；我卖的不是门票，而是能让他快速达成财务自由的途径和道路。我告诉了你，我在卖什么。那你知道你在卖什么吗？你今天提供的产品真的符合当前市场的需要吗？如果不是的话，你要改进你的行销；如果是的话，还是要改进你的行销。因为任何一个符合市场的产品，很快就会过时，很快就会陈旧。如果你不改进，它就会被市场淘汰、被顾客抛弃。当你的产品不能满足顾客需要的时候，它就是过时的产品。为什么？因为一个符合市场的产品或服务一定是很流行、时髦的，你一定也从中赚到钱了，所以你的产品马上就被你的竞争对手改良了。这时，你的产品很有可能就被你的竞争对手取代了，所以你能不改进你要卖的吗？

市场是动态的，你不要以为你自己的产品符合现在的顾客需求，你就可以稳坐江山了；你不要以为你的产品永远有人需要，你的企业就可以永续经营了。因为你的对手在积极寻找比你的产品更好、更快、更经济、更低成本、更容易使用的产品和解决方案来提供给你的顾客。你知道吗？你的对手一天到晚都想怎么抢走你的顾客，夺取你的市场甚至想把你赶出同行中，所以你动作要快，不然等待你的将是被取代的命运。据统计，5年之内80%的产品将会被更新。比如，Google取代了雅虎，搜索引擎被更新了，分众传媒被更新了，英语培训被更新了，计算机、MP3被更新了。5年之内市场上现在成功的产品将会有80%被更新，所以你的动作永远要快，不能松懈。要怎么样赶快改良自己的产品呢？你要问自己：怎样做得更快更好，怎么样改革自己的产品，怎么样找到下一个方法来满足顾客的最大利益并解决他的最大问题？我发现有很多公司面临一个很严重的问题就是他们爱上了自己的产品，他们爱上了自己的服务。他们不但要和自己的产品和服务谈恋爱，还结婚了呢。如果真是这样就糟糕了，他们再也甩不开了。因为他们无法甩开了，所以他们目前所供应的产品也将在5年之内走向衰退。

第二，你的产品定价多少

你弄清楚自己要卖什么之后，就要为你的产品定身价了。也就是说你的产品要卖多少钱，定价多少才是合理的。这就是改进行销的第二个因素。

据调查，90%的商家的价格定位都不合理。所以你要不断地测试你的产品的价格是不是合理。在价格定位的过程中你要经常问：我定的价格真的是合适的吗？我应该调涨还是降价呢？我是不是能增加产品项目，改变产品包装让价格看起来更超值呢？我是不是应该在价格里面提供一些不一样的东西，让它更有差异化，并让顾客觉得更物超所值呢？你要去想想你现在定的这个价格是不是有竞争力。

某一著名的杂志就做了这方面的尝试，测试他们当前所定的价格是不是合理的。

这家杂志社每年的订量都差不多，没有多大变化。于是他们找了一个咨询师和顾问来给他们诊断。咨询师问了他们一些情况之后说：“什么都不用改，这本杂志非常好。你不妨涨价一倍，看看销量怎么样。”杂志社的人一听，很紧张：价格翻倍之后，万一顾客取消了订阅怎么办？咨询师解释道：“不会影响利润的，假设有1000个人订你们的杂志，而现在因价格提高一倍，马上就有50%的人取消了订阅。你们最差还能维持原来的利润，但事实上，因为你们少给了50%的杂志，所以成本也就相对降低了，因而你们的价格提高一倍，利润反而也增加了。万一真的低于50%的人购买，可能会让你降低了原来的利润。但是你们不要怕，去试试看就知道了。因为大部分的订阅者很喜欢这本杂志，所以没有取消订阅，只有10%的人取消了订阅。”你算一下，价格翻一番，只有10%的人取消了订阅，它的利润翻了多少倍？可能因为这个价格策略，这家杂志社一夜之间从亏损走向盈利，改变了公司的未来。你说有没有可能呢？当然，这只是案例，你要知道你的价格到底多少才是最好的，你就不断地去测试，让市场说话。总之，不要让你的价格总是一成不变，你可以提高，也可以降低，甚至是价格不变，但增加一些额外的价值进去。这些都是改变价格的策略，只要你去尝试就会有意外的收获。

第三，你怎么卖

知道了你卖什么，也找了一个合理的价格，那接下来要做什么了？那就是怎样销售你的产品。

改进行销的第三个因素就是促销（Promotion），即怎么销售。你目前正在怎样推广和销售你的产品或服务？哪些推广方式是有效的，哪些是无效的？怎样改变广告让它更有效？怎么改变策划，改变销售方法才更能赢得顾客？无论你是卖什么的或者提供何种服务，你都应该朝着这些方向去改进你的销售。

你有没有一直专注在改进你卖产品的方法上面呢？如果有，你产品的销量就会不断提高，利润也会因此增加。

第四，在哪里卖

第四个改进行销的因素就是你的产品在哪里销售。如果你的产品长期只在一个地方销售，因而销量也是平平，或者你希望你的销量翻倍，那就要考虑一下你的销售地点需不需要改变。你可能要调查一下，是不是在别的地点顾客还会出现多一些呢？或者你要调查你的产品在别的地方有没有更大的市场，如果有，你是不是可以在别的地方增加销售点呢？总之，你就是要尝试在不同的地方销售你同样的产品。有时销售场所的改变可以使整个企业的方向也发生改变。既然能有革命性的变化，是不是也可以让这样的改变发生在你的企业当中呢？比如，你的产品一般只在商业地带销售，那你是不是可以考虑把你的产品拿到旅游景区去卖或者在飞机上销售呢？任何地方都有可能成为你销售产品的宝地，只要你不断去寻找、测试。

改进行销的四个因素都讲完了，不知道你理解了没有？最后，我再给你总结一下。改进行销就是去改变你市场行销的组合。一旦你要改变你的行销组合，你就要不断地问自己：什么是有效的？什么是没效的？什么是过去有效的？如果现在行不通了，顾客要的是什么？你应该卖什么给顾客？顾客能接受什么的价格？

要怎样涨价或降价更有吸引力，利润更高呢？怎么卖产品效果更好？在什么地方卖，能卖出最多，能找到最多顾客？你把这些问题铭记于心中，并操练它，你的销量、业绩也会发生质的变化的。

第三大涡轮战略：品牌定位

什么是品牌定位

品牌定位就是给顾客的印象和感觉，也就是你的产品＝什么字眼。比如：

奔驰=豪华、完美质量；劳斯莱斯=世界上最高贵的汽车；沃尔沃=安全；昆明=四季如春；杭州=人间天堂；北京=政治文化中心；深圳=改革开放的前沿；上海=金融中心、国际大都会；东北人=实在……这样的例子举不胜举，但都有一个共同点，就是它们在人们的心中是不可磨灭的。一流的企业都不是贩卖产品或服务的企业，它们都是贩卖其在顾客心目中的印象。你要找到一个专属的字眼，深入人心，这就是品牌定位。

全世界每一个知名的品牌都代表着顾客头脑的一个印象、形象，体现在他跟别人谈话中常用的词语当中。比如：我们想要去头屑，就会想到海飞丝。我们想要柔顺，就会想到飘柔，因为它是柔顺专家。我们想到中药世家，就会想到霸王。我们一提到武打明星，就会联想到李连杰。一看到武侠小说这四个字，你会想到谁？金庸。所有顾客头脑里每一个名字都有一个联想，这种印象就是品牌定位。也就是这种印象要在顾客头脑中占有一个词语，并且这个词语是别人还没使用的。比如：黑人牙膏占有什么词语，高露洁就不要去碰；高露洁占有什么词语，黑妹牙膏就不要去碰。你可以占有防蛀，你可以占有洁白，你可以占有口味清新自然、清香，你可以占有……任何一个词语你都可以占有，只要是别人没有用过的，顾客又容易联系到，你都可使用。

顾客闲谈清单

你在占有某个词语时，有很多选择，但是最能帮助你找出这个品牌代名词的是顾客闲谈清单。顾客闲谈清单就是在顾客闲谈你的产品时，你就把那些对你的品牌定位有启示作用的信息列在清单上。那你需要一份怎样的顾客闲谈清单呢？

假如你的一个潜在顾客碰到你现在的一名顾客，你认为你的顾客要对这名潜在顾客怎么谈论你的产品，对方才会放心地购买你的产品呢？另外你希望他怎么谈论你？这时，你把他们谈论产品时用到的关键词语记下，然后去比较分析哪个更好，就用哪个。比如，宝马用“驾驶乐趣”这个语词来形容他们的汽车，他们可不是坐在办公室瞎想的，而是用了顾客闲谈清单列出很多词语之后，最后决定要凝聚这四个字在宝马的身上。凝聚出“驾驶乐趣”这四个字后，他们开始集中精神去把宝马营造出这样的品牌形象。什么样的词或短语对你的企业最有用，你就要通过这种列顾客闲谈清单的方式去摸索、调查。这样你就慢慢知道，你的企业要营造给别人什么形象跟印象了。

怎样去维持这个品牌

当你从清单里面找到一组能代表你这个品牌的词语之后，你接下来还要维护这个品牌，才能让它更加深入顾客的心中。你要怎样去维持这个品牌呢？要维护好你这个品牌在顾客心中的印象，你只要做好下面两件事就行了。

第一，初次购买时的承诺。顾客初次购买你的产品的时候，你对他所做的承诺，这是广告和销售活动中，所明示的产品所提供给顾客的价值。这就像一个人给别人的第一印象，所以你一定要塑造出符合你这个词语的形象来。

第二，对顾客的承诺进行得如何？在交易产品或服务时，你这个企业有没有信守承诺，他有没有体验到、感受到你之前的承诺？比如，路易·威登说它是全世界最高贵、最高档的皮包，它是全世界最豪华的知名品牌，那它就必须要信守这个承诺。所以它的产品绝不打折，永远卖最贵。这样，顾客买它的产品才会有尊贵的感觉，才会变成奢侈品之王。如果卖出去的产品达到了企业在销售的时候所承诺的标准，并且这个标准始终如一延续下去，那它就创造了品牌形象，就在顾客脑海里面成为了名牌产品。你会得到最多的信赖、最多的认可，因此占有最大的市场，获得最多的利润。

第四大涡轮战略：建设战略企业单元

什么是战略企业单元（SBU）

战略企业单元也称SBU，它指的就是企业中的每个单元都被作为独立的企业加以管理，都有它自己的战略规划、企业目标、管理结构、销售和税收目标、盈利水平以及自己的主要任务和责任等等。简单地说，它有点像企业里的项目管理、项目总监。你一旦把战略企业单元这个理念运用到你企业中，你的企业运作就会更有效，利润也会大幅度地增加。如今，战略企业单元已经被众多成功的企业采用，改变了许多产品或服务多样化的企业。

贯彻SBU的方法

要想贯彻SBU的方法，出发点就是把每一个产品都当成是一个企业，每一个产品都要有专人负责，每一个产品都要有独立的战略，每一个产品都要成为独立的账本上面盈利的一个企业单元，管理这个产品的负责人就像是企业产品的总裁一样。

要让SBU方法行之有效，首先要让你的每个单元制定出完整的企业规划，每一个单元中的每一个产品和服务都必须有相应的规划，包括规划出销售的预计收入、预计成本、收益率。只有这样你才能精确地计算出这个项目所需要的人力、物力和资源。

接着要找一个人来负责一个产品或服务，才能够获得成功。任何产品或服务的成功，主要是因为有很得力的人负责，任何产品或服务失败，一定是因为责任不明确，没有哪个人愿意为结果负责任。

为了确保每个产品和服务能够畅销，你要充分发挥这个企业单元的作用。怎么发挥呢？首先，你要安排一个负责人在这个企业单元里面，让他的成功跟这个项目的成功挂钩。

用SBU重新评估你的企业

引入SBU理念后，你可以借此重新评估一下你的企业，也就是把你的企业中的各个产品和服务分门别类。你可以怎么做分类呢？

在你的企业中可能有些产品具有很快的增长能力，有些产品具有很慢的增长力，有一些产品领先于时代，有一些产品落后于时代。所以你要去分一分，你现在所生产的每一种产品到底是增长率高还是增长率低，是领先于时代还是落后于时代。这些产品到底处于什么状态？分类完了之后，你要去再分两类，并检测一下这个产品现在到底是你企业内部的现金使用者还是现金生产者。

所谓现金使用者就是卖这个产品的部门不但没有为你带来更大的现金流，你还为它支出了很多的人事、房租、宣传费、广告费、制造费、服务费用等。如果你的企业中有这样的产品，它就是你企业的现金使用者。它的存在会给你的企业造成更多的现金支出，所以你要去查出来现在你企业内部的哪一款产品是现金使用者。找出来之后，你必须要把每一个产品独立成一个企业单元，把产品独立一个项目，并要找专门的人负责，此外你为它设立一个独立的财务账本，你才有办法分析出这个产品的盈亏情况。

与现金使用者对应的是现金的生产者。现金的生产者指的是带来的现金流是正向的，帮你赚钱的产品。现金的生产者能让你的企业获得利润，所以你也把这样的产品独立分析出来。分析出来后，你同样把它当作一个小企业来管理。如果你的企业没有把某一个产品或服务独立出来去把它当成一个企业来分析、运作，没有它的独立战略，没有一个独立负责人，你根本就分析不出产品或者服务的状况。但我发现大多数的公司是没有这种分析能力，他们把所有产品和服务捆绑在一起作为一个战略，他们没有独立的账本，所以他们没有办法做这样的战略分析。若要你的企业利润提高，你就要做这两类分析。此外，根据这两种分类标准，还可以把你的产品和服务进一步分成四种。

SBU策略

根据现金使用者和现金生产者这两个分类标准，我们又可以把你的产品和服务分成四个种。这四个类别被形象地比喻为：现金牛、明星、问号和瘦狗。

第一种：现金牛。现金牛是盈利最重要的来源，它为公司创造最大的现金收入。大部分的企业都有现金牛，但他们常常没有认真去照料这一头牛，以致这头牛的健康亮起红灯，最后还寿命不长。这是大部分企业常犯的错。那应该怎么去照料这头给你带来现金收入的牛呢？

对现金牛的正确策略是应该请专人认真管理照顾这头现金牛，让它持续健康成长并确保它长寿。这样，它才能为你创造高额的现金流入，才能持续不断地为你产生现金。

第二种：明星。明星也是现金流和利润的生产者，与现金牛不同的是它有巨大的成长和盈利潜力。只要你稍加照顾、帮助、规划，它就会成长为你公司里的明日之星，变成超级棒的现金流来源。

对于有潜力的产品或者服务，你要先把它们从企业中挖掘出来。然后想办法赶快扶植，花钱、花费时间把它培养成能让你获得高回报、高盈利的现金牛，尽快让它变成你公司最重要的利润来源部门。

第三种：问号。问号就是它现在是现金的使用者。虽然它现在没有为你创造盈利，但如果正确地培养、正确地策化，它一样会有巨大的潜能成为明星，甚至成为现金流。

对于这种一直在花你的企业的钱的问号产品或者服务，你要怎么对待它们呢？对于问号产品，公司要分两种情况对待。第一种，如果你的公司现在的现金收入很不错，有足够的钱去照顾、支持问号，你可以花钱去培养它，让它有一天变成现金的生产者。另一种，就是在你的公司盈利能力不好、现金收入不高的时候，你不该再花钱去支持问号了。如果这个时候你还要去支持问号，那你的公司很可能就会被它拖垮。所以对问号你要全力以赴还是干脆放弃，要视你公司的具体情况而定。

第四种：瘦狗。瘦狗也是现金的使用者，它是无论你花多少钱也救不回来的，它的存在只会拖你后退，也救不回来，无论在什么样的市场中它都没有未来。对于这种没有希望的产品或者服务，你要怎么处理呢？

这时，你最明智的做法就是立刻摆脱瘦狗，否则它会拖垮你。不管你已经花了多少钱在瘦狗身上，它也不可能再为你生产更多现金出来，它只会吃掉你更多的现金。所以你应该果断地停掉这个部门，停止这个产品的生产，然后把更多的资源投入到更有可能产生现金和利润的产品和服务中。

我已经把这个构建你企业内部的战略单元，即SBU方法和策略一一讲完，现在我就把贯彻SBU的方法、策略的关系列出来，让你更好、更快掌握它们的关键点。(详见第137页表)

现在你就根据我讲的内容和这个关系表立刻在你的企业内部开始构建、分类，然后开始执行这套管理模式。你的企业就会立刻像装了涡轮推进器一样迅速冲出跑道拔得头筹，它让你的企业体质更好。

贯彻SBU的方法

首先把产品或者服务根据其特点划分成为独立的企业单元		
然后找出负责人，并对每个产品和服务的绩效进行评估		
让企业单元的利益与其负责人挂钩，确保每个独立单元都可以盈利		
类别	含义	应对方法
现金牛	盈利最重要的来源，现金流的最大创造者。	认真管理照顾这头现金牛，让它持续健康成长并确保它长寿。
明星	也是现金流和盈利的生产者，有巨大的成长和盈利潜力。	想办法赶快培养它，尽快让它变成你公司最重要的利润来源部门。
问号	现金的使用者，但是还没有盈利。	正确地培养、正确地策划，它一样会有巨大的潜能成为明星，甚至成为现金牛。
瘦狗	也是现金的使用者，永远没市场。	果断地停掉这个部门，停止这个产品的生产。

第五大涡轮战略：有效的销售力

有效的销售

如果你的公司产品的销量能达到目前的两倍，你觉得好不好？

大多数的老板都会说好。你认为你能不能努力用你现有的资源达成销售量的两倍？大部分的老板会说，完全可以。我说既然完全能的话，为什么你还没有卖出两倍呢？是什么阻止了你达成销售量两倍呢？他们通常很茫然地看着我，他们从来没有好好地想过这个问题。销量没有增加，是因为购买的人数没有增加。

其实，你的销量没有提高的原因在于，大约80%的潜在客户还没有接触过你的宣传和销售途径，大多数的人压根就不知道你，他们根本就不知道你的产品有多好，不知道你的服务有多好。既然这么多人不知道你的产品，那他们怎么又有可能来购买你的东西呢？而这么多人不了解你的产品，就在于你的销售工作做得不好。所以要把你的销量提高两倍，最重要的工作就是要做有效的销售。可能你会说要让销售变有效比较难，也不知道从何下手。但我想告诉你的是关于销售，一定有公式；**关于市场行销，一定有它的步骤和方法。**所以你不要再为你无效的销售找借口，你应该去找解决的方法。

改进你的销售力

一旦你改进了你的销售力，你的销量就会因此而改变。在改进销售力之前，你可以通过问自己几个问题，分析一下自己目前的情况如何，然后再有针对性去改进。

第一个问题：你卖什么，由谁在卖给谁？你卖什么，由谁在卖给谁是指你将什么产品由什么人卖给什么人。

第二个问题：怎样卖，你卖的方法是什么？也就是你是用什么方式来销售你的产品。比方讲，你是通过说明会、电话、发传单、陌生拜访还是网络去销售你的产品的。总之，你要弄清楚，你到底通过什么方式在卖产品？

第三个问题：价格如何？你的产品的价格必须有吸引力，有竞争力，让顾客愿意买，同时你有够好的利润。只有这样的定价才是合理的，才能吸引更多的人。你赶快看一看你的价格有没有具备这些因素。

第四个问题：货款怎么支付？你要问你自己，你所提供的付款方法是否方便，是否轻松，是否人人能接受，是否能争取更多潜在顾客来尝试？

第五个问题：怎样令人满意地交货？这是很容易被忽略的问题。大多数人在顾客成交前的工作都做得非常好，可是在成交后，顾客就有抱怨了：怎么交货的人态度这么差，怎么这么迟才送到呢？因为很多人以为顾客交了钱，成交的工作就完成了，所以就没考虑到要怎么交货顾客才满意。所以你要由对的人把对的东西卖给有需要的顾客，才不会让顾客产生抱怨。最后交货时，如果你能让顾客心满意足，他就觉得你口碑好，很乐意下次再跟你购买，甚至大量帮你转介绍顾客。

请问，这五点你都做到了吗？这些问题中的任何一个部分有疏忽，有遗漏，就可能导致整个销售彻底地失败。遗憾的是，大多数的公司对这五个问题并不能给出完整、真正的答案。如果你这些答案都给不出来，就说明你目前建立不了强而有力的销售力。没有强而有力的销售力，销量当然很难增加。

销售是企业创造收入的关键。相信人人都懂这个道理，人人都认可这个道理。

遗憾的是，太多公司的经营者自己从来没有从事过销售工作，所以他们不明白销售的重要性，更不知道如何做好销售。在他们看来，只要做一些广告，雇佣大量的销售人员，生意就会自动上门。一旦广告没有预期中的反应热烈，销售人员也卖不出任何东西，销售量就会下降。这时，这些公司的经营者就束手无策。类似的情景也经常发生在我身边。我在举办课程或者演讲时，常常有老板问这方面的问题及其解决之道。**能在销售上盈利的公司，毫无例外都有**

优秀的销售人员。这些公司的销售员都是经过高级的专业的销售领导人精心挑选出来的，这些销售员都经过长期全面的培训，还受过经验丰富的销售管理者的点拨，所以他们能把产品卖好。因此，改进销售的一个最直接的方法，就是先改变你公司的销售管理人员和销售员。

有时候只要你引入一个好的销售管理人员，就可以增加销量。此外，你还相应组建一个世界级的销售队伍，这是任何一家世界级的公司必须要执行的一个政策。竞争越激烈，市场开发越难，你越需要一支世界级的销售队伍。

现在你就应该立刻去研究刚刚我问你的问题。什么人在卖什么产品给什么人，怎么样卖才是有效的？你公司目前做的情况怎样？价格如何？同时，能不能有更好的付款方法？怎么样交货时令顾客更满意、更开心、更快乐、更完美？你怎么招聘销售人员的？有没有好的媒体在帮你？有没有好的管理者在帮你管理这个程序？你对销售人员用什么样的销售薪酬、激励制度、提成制度？你能不能激发他们不断地提高销售业绩？你有多少生意来自于销售人员？你有多少生意来自于老客户推荐？你销量有没有增加两倍，为了达到这个目的，你现在该立刻解决什么问题？这些都是你现在应该问自己的关键问题，问完了之后你去解决，一个一个去执行，这样才能让你所有的销售工作产生效果。

第六大涡轮战略：利润猛增战略

对每个产品进行利润分析

什么叫利润猛增战略？很简单，就是要对每个产品进行利润分析。**只要运用利润分析策略，你的利润率就会提高。**对每个产品进行利润分析，占你销售额80%的产品是哪些？

假设你的公司今年的利润目标是1000万元，那其中800万元的利润是来自于哪些产品？可是能提供80%利润的产品又是哪些？有些产品利润率很低，有些利润率很高，那么哪些是利润率最高的80%的产品？下一个能提供80%利润的客户是哪些？哪些客户是不赚钱的客户，哪些客户是最赚钱的客户？所有跟这80%的利润有关的因素，你要把它找出来并做分析。

把你的销售额减掉服务这个客户的成本、供货的成本，就能精确地算出这个客户值多少钱。一算出后，你会发现购买量大不等于高利润。有一些顾客购买量大，却没什么利润。你还会发现销售量大不等于盈利。盈利专家的看家本领就是进了你的公司第一件事就是列出每一项产品的成本和每一个产品在市场上的销量，然后一减，就知道每一个产品的盈利率和盈利的真实金额。

接着他们会对各个盈利按次序进行排序，从第一名盈利开始排，排完之后他们会看看这个排行榜的排序是否会随各种因素的变化而变化。并且他们会检查排行榜上排在第三名之后的产品排名落后的原因，只保留盈利的产品。接下来，就想办法对部分盈利产品进行管控，让它创造现金流和利润。这就是盈利专家的看家本领。

每一个企业都有隐藏的成本，每一个产品不仅有成本，还有费用，所以你要计算出这个产品的盈利率到底是多少。如果想更精确地计算每个产品的盈利率的话，那就要把卖这个产品所得的收入扣除损坏、退货、浪费、坏账，再扣除这个产品的直接成本、间接成本、可变成本，总之不要漏掉任何一项，还要把房租、物业、广告费、人员、时间等都分摊到成本当中。然后再分摊与产品相关的劳动力成本，具体到每个人每小时的人力成本。有一些公司派一些人去维护高级客户，但是这些高级客户的成本很高，他们却未必能为你带来高利润，所以去维持这些客户的后果是花了很大成本，反而赚不到钱。根据这样子分摊完成本之后，你去精确排名，第一名盈利产品、第二名盈利产品、第三名盈利产品……如何加强第一名产品和业务的优势？企业如何重组，配合第一名产品和业务的销售？如何让第一名产品更具活力？这些问题是你利润分析后，必须解决的。

比如，我开设的课程有很多，但是每一个课程都是一个独立的战略单元，有专门的项目负责人、专门的账、专门的费用、专门的预算、专门的一组工作人员、专门的管理，它像是我的企业内部的一个小企业一样。又有另外一个项目负责人管理这个课程项目，也许他们的销售对象是同一群人，但不同的产品我都要不同的人来做管理。因为通过这样的企业单元管理，我就能比较出顾客会偏爱于花钱买哪一种产品多一点，哪一种少一点。而且通过这种方式，我知道哪一个部门花的成本又过高，但创造不出更大的销售量。那就是管理不善，所以导致利润率降低。听懂我的意思了吗？如果销量大，且花在这个产品上面的行销费用又低的话，那这个产品利润就高了。所以每一个行销这个产品的负责人都会负责去多销，然后少花钱，然后每一个产品都是获利的。这样，我就用企业的SBU策略创造出很多的明星和现金牛。如果你的企业也能创造这么多现金牛和明星的话，你的企业的利润就会猛增了。

接下来，你要停掉现在那些80%不赚钱的产品。因为过去最盈利的产品，现在未必最盈利。你要去预测未来还有什么产品将会盈利，还有什么产品将会变得亏损。如果你要精确地计算成本的话，还要把你这个企业家的成本算进去。什么事情你做得最少，却贡献最大？什么事情你花的时间最少，生产力却最高？你有什么做了很少时间，却产生很高的回报率、绩效最棒的事情？有什么活动支付给你每小时的报酬是最高的？这都是你要算到成本里去的。

我刚刚所讲的利润猛增里面的对每一个产品进行利润分析的

步骤，开始进行全面地分析哪些产品销售量大，哪些利润率高，获利最高的80%的利润来自于哪些产品？看它们是不是相同的。有时候是相同，有时候是不同的。扣除直接成本、间接成本，你觉得最盈利的第一名、第二名、第三名产品分别是什么？再把时间成本也算进去，花了多少人力时间成本。根据这样把管理费用打进去分摊的话，最后很多盈利的反而会变成亏损的，你就知道哪些才是真正有力量的产品、能帮你赚最大利润来源的产品。排名出来之后，就知道该停掉什么，加强什么，怎么重组，怎么分配资源。相信你这样分析完之后，你的公司的利润将会猛增，就像装了涡轮推进器一样，让你的企业能够爆炸式地增长，更快速地冲出跑道，成为你的行业中盈利能力最强的公司。

利润有五大来源

接下来，我要跟大家介绍在你的公司里面利润有五大来源。只要你时时刻刻关心这五个来源，你的公司的利润就会如浪潮般向你涌来。

第一，关心潜在顾客人数。什么叫关心潜在顾客人数呢？比如，今天有300个人来参加你的两个小时的课程推广会议，但是推广结束后只有10个人签约。那其余的290个人是不是就对这个课程没兴趣呢？当然不是。他们如果没兴趣就不会花两个小时坐那听了。他们只是暂时没有做决定，但他们确实有这个需求，也有这个兴趣，所以他们都可能成为你的潜在顾客。对于你的潜在顾客，你要用数字把它计算出来，还要集中精神去关注他们。

潜在顾客当然越多越好，但不并代表你一个推广会、广告或者文宣一投放下去，所有的人都会成为你的潜在顾客。比如，你在一个城市投了一万份文宣后，是不是就有了一万个潜在顾客呢？不是。你投放文宣后，你还要从这一万个人中筛选潜在顾客，所以你要在文宣上面写上一句：有兴趣请上网点击并注册，我们就会给你一个小礼品。上网点击注册之后，你可以看到一万封邮件出去或者一万封文宣出去，但回复的只有500个人。那么这500个人就是潜在顾客。我们把这种想买但又没买的人，也就是购买之前的那一层人，称为潜在顾客。永远关心潜在客户人数，才不会做一些无用功。因为他们才是最有可能买你的产品的人，而他们以外更多的十几亿人口都不是买你的产品的人，这么庞大的人数你当然关心不过来，所以你要关心的是你的潜在顾客人数有多少。

潜在顾客人数越多越好，但要讲求方法。增加潜在顾客四个关键点：快速、大量、低成本、自动化。如果你能按这四个关键点去不断地开发潜在顾客。你的潜在顾客人数就会快速增加。举一个例子，一个我出版部分的负责人找我谈话。他说他要把我这些教育课程最精华的部分剪辑成很多视频，然后在互联网上各个地方让别人免费欣赏。请问，他这个让人免费欣赏的动作是想做什么呢？他的这个动作是在培养潜在顾客。如果有一亿个人在网上看过这个影片，我们等于培养了一亿个人认知到了我们的产品。但这一亿个人不可能都是潜在顾客，因为有人看一看就走了，但也有一些人看完以后再点击链接到我们网站来的，他们就有可能是潜在顾客了。如果这5000万人是潜在客户的话，请问一下其中10%的人会购买，那就是多少啊？那就500万了。其实，他做这样在互联网上让人免费观看的动作也叫做一个培养潜在顾客的系统——快速、大量、低成本、自动化。一旦你有这样的系统在不断地帮你培养潜在顾客的时候，那么潜在顾客人数就会越来越多。

第二，关心转换率。什么是转换率？比如，100个潜在顾客打电话来咨询，购买的有10个人，那转换率就是10%。再如，上网注册拿免费的邮件赠品的有500个人，但一个月下来成交的有100个人，那就是20%的转换率了。转换率就是由潜在顾客变成你的新顾客的比例。这个新顾客人数怎么增加呢？最简单的方法，就是你要时常关注怎么样去增加潜在顾客数和转换率。举一个例子，假设潜在顾客有1万名，而转换率是1%，那新顾客的人数多少？答案是100名新顾客。假设潜在顾客从1万名变成2万名，而转换率仍是1%，那新顾客有多少？有200个，对吧？如果你的潜在顾客人数仍是1万名，但转换率增加到2%，那新顾客又是多少？答案是200名。所以两个数字你增加其中任何一个数字，都能增加你新顾客的人数。如果你两个一起增加会怎么样？答案是这2万名乘以2%是400名新顾客了。所以，你要天天关心这两个数字，你的新顾客人数就会增加。

第三，关心顾客单笔销售的金额。关于这一点，我已经在前面讲过了。现在再次强调一下。你可以通过加码，通过向上销售买更高档的，通过交叉销售买相关物品，通过按批量购买，通过顾客买套装，通过顾客加大数量等方法，增加顾客单笔销售金额。每个顾客的单笔销售金额都被你增加，那你的总利润也就提高了。

第四，关心顾客回头频率。假如，顾客一年来消费10次，你就想办法让他一年来消费15次，让他回头的次数越多，你的利润就越高。

第五，关心利润率。如果你前面这四个来源都很大，可是你的业绩仍不大，那你一定要关心第五个来源了。那就是关心利润率。利润率就是你的公司里面所有的营业额减掉所有成本、所有费用，最后剩下的是多少钱，这个比例占整个销售额多少。比如，如果你销售了100万元的产品，结果净收入才1万元，那你的利润率就是1%，如果净收入是10万元，那利润就是10%。从这个比例来看，你是希望利润率高还是低呢？没有人会希望是低的吧，所以你要时常关注利润，不要只看业绩。

如果你的公司潜在客户数字大，你的公司转换率大，你的公司单笔消费金额大，你的公司回头频率大，你的公司利润率大，那你的公司还不赚大钱吗？只要你和你公司的所有人都天天关注这五个数字，盯着这五个数字，改善这五个数字，你就会赚大钱了。

第七章　达到行销终点的三大关键

在前面的六部分内容中，我已经把我个人认为最好的战术、战略、方法、技巧，全部都跟你分享完了。只要你照着我的方法、步骤去制定你的计划并执行它，相信你的业绩就会倍增的。但是，我想告诉你的是掌握再多的方法，拥有再多的工具，如果你首先没有明确的目标，一切方法和工具都无法起作用。所以在最后我要跟你分享一些关于达到行销终点的关键，只要你按下这些关键按钮，你赚大钱的梦想就会成为现实。

第一大关键：设定明确的目标

为你的企业设定明确的目标

学完了本书，你可能掌握了很多赚大钱的方法和工具，你也迫不及待地想用它们为你的企业创造利润了。可是在用这些方法之前，我首先要问你到底要赚多少钱？你到底要用这些方法让你的企业的利润倍增多少？很多人都想赚大钱，很多人都想让企业的利润倍增，但很少人知道他具体要赚多少钱，也很少人能明确地说出他具体要增加多少的利润。没有明确的目标，再好的方法和工具都不能充分发挥其功能。这就像你拥有一艘设备先进的船只，但是在起航前如果你没有前行的目标，那你永远也到达不了目的地。所以在给你的企业装这些倍增利润的先进工具前，你先要为你的企业定一个明确的目标。把你想达到的利润和业绩目标，用具体的数字确定下来。例如：年总销售额1000万元，本月利润增长20%等。

有了一个明确的目标后，你就将这个目标拆分成一个个具体的、可行的、可以测量或评估的小目标。再根据时限，由将来逆推至现在，明确你现在应该做什么：

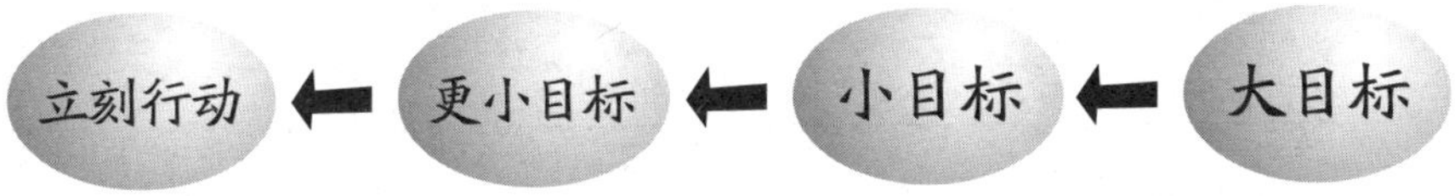

制定目标的五项原则

有了目标之后，为什么有的人能最终实现目标，有的人总是离目标遥遥无期？这很大程度上，在于他们制定的目标不合理。所以，在制定目标时，我要给你提几点建议，以便你制定出合理、科学、可行的目标来。制定目标时，要遵守以下五项原则：

1. 具体的。
2. 可量化。
3. 具有挑战性。
4. 大小结合、长短结合。
5. 要有时限。

目标行动计划

你不仅要把你创业的目标具体化，还要将它文字化，让全公司的人都知道你公司的目标，这样才能让所有的人同心协力为实现目标而努力。一个公司是否有明确的目标不仅仅是体现在业绩上，还体现在它的发展规模、产品或服务的范围上。下面我就给你提供一些制定目标体系的范本。

十年的目标

十年后要达到的销售额：

____

十年后要达到的利润：

____

十年后你的产品或服务占有的市场份额：

____

____

____

十年后你的公司的生产力：

____

十年后你的公司的规模（要请多少推销员来推销你的产品）：

____

十年后你要成为市场上的什么，即你的企业等于什么：

____

五年的目标

五年后要达到的销售额：

____

五年后要达到的利润：

____

五年后你的产品或服务占有的市场份额：

____

____

____

五年后你的公司的生产力：

____

五年后你的公司的规模（要请多少推销员来推销你的产品）：

____

五年后你要在哪些方面领先同行：

____

一年目标

一年内要达到的销售额：

一年内要达到的利润：

为了实现你的年销售额目标，你要请多少推销员：

明年要推出的产品或服务：

一年内有多少市场份额：

月目标

写下你每个月要达到的销售额及利润目标。

月份	1月	2月	3月	4月	5月	6月	7月	8月	9月	10月	11月	12月
月销售额												
月利润												

周目标

写下你每一周要实现的销售额目标和利润目标。

项目	第一周	第二周	第三周	第四周
销售额				
月利润				

日目标

你把每天要完成的目标具体写出，以便你立刻行动。

为了实现总目标，平均每天要完成多少的销售额：

____

每天所获得的利润：

____

总之，你在设定目标时，越明确越好，越具体越容易达成。

______

在设定这些目标时，你要不断询问自己：

1. 这些目标被实现后，我有什么好处？

______

2. 若不能实现会给我什么痛苦？

______

3. 这些目标符合我公司的现状吗？

______

4. 我需要做哪些改进才能更好地实现目标呢？

______

通过这些问题的自我提问，可以让你更清楚自己的目标，也可以不断完善和改进。

第二大关键：制定计划与方法

在为你的企业设定了明确的目标之后，接下来你要做什么呢？设定完目标之后，你就要制定出一套能实现这个目标的计划与方法。

假设你现在有一个目标就是要在一个月内做100万元的业绩，而你现在才有1000个客户，你的客户平均每次消费10元，并且他们一个月只来一次。按这样的条件，你一个月所有客户才消费10000元，那你怎么在一个月内做成这100万元的生意呢？还记得我们前面学过的各种倍增利润的方法吗？现在你就根据这个目标去制定达成这个目标的计划和方法。你是不是可以去增加顾客的人数？就是将把1000个客户变成10万个，那么10万个乘以10是100万元了。如果你不想增加客户的人数，你是不是可以增加一下他消费的金额呢？如果让1000个客户每人增加9倍的消费金额，那不也有100万元的业绩了吗？或者你可以增加他消费的次数，或者你同时增加其中任何两项，或者三项同时增加。实现目标的方法有很多，但是你最重要的是先把目标写出来，然后根据你的实际情况列出你要增加的某项。现在把刚才所举的例子列在表格中，你对照其中的增加方法，并看看你还能想出哪些实现300万元的业绩目标的方法，然后把它们列在空白的表格中。（见第156页表）

只有你有了明确的目标后，你才知道是要多聘请多少推销员，还是多打多少广告，还是多找多少产品组合来增加顾客消费的金额，还是多增加他后续购买的推销次数。比方讲，你要在一个月内实现100万元的业绩目标，就采用了上述的第一个方法，即将顾客的人数从1000个增加到10万个。这时，你是不是可以想一下把我们前面讲过的那些增加人数的方法都用用看，是要多甩几根钓竿还是增加桌腿，或者采用多种营销策略呢？只要是能增加人数的方法，你都去试试。关键的是你有了目标，就知道怎么去运用这些方法和工具了，怎么去制定实现目标的计划。

方法	人数	单笔消费金额	消费次数	总金额（元）
1	100000	10	1	100万
2	1000	1000	1	100万
3	1000	10	100	100万
4	1000	100	10	100万
想想还有没有其他的方法：				
1				100万
2				100万
3				100万

第三大关键：执行

目标设定好了，实现这个目标的相关计划和方法也制定好了，那接下来最最关键的就是执行你所制定的计划。成功在于执行。没有执行，任何一切美好的愿望，任何完美的计划，任何切实可行的方法，一切都将幻化为泡沫。一旦设定好目标，制定好计划后，你就要严格执行你的目标计划。如果你不去执行，目标永远是目标。

第八章　消除行销障碍的两大关键人物

关键人物之一：你自己

执行遇到问题怎么办

船在驶向目的地的过程中，会遇到风浪。那么，你在向行销终点前进的过程中，也难免会遇到障碍。而障碍出现的时候也就是你开始执行计划和方法的时候。你常会遇到这样的情况，你一执行就会发现原来顾客不一定会像你所预测的那样愿意购买。比如，你要实现100万元的业绩目标，你会实施一系列的举措，如：让顾客多买一点，增加产品的组合，提高产品定价。结果，这些举措实施后，你发现顾客没有购买那么多。后来，你又想到增加人数来达成目标，可是你一执行起来，才发现开发顾客的成本过高，以致你没有达到预期的利润。你又想到多甩些钓竿出去，于是你就开始打广告、多聘请业务员……同样，你执行起来的时候，才发现你的广告没有效果，你没有那么多钱可以请那么多业务员。总之，你一执行就发现原来很多计划和方法没有你想象的那么好，对不对？如果出现这样的情况，那就是执行遇到问题了。

事实上，你在执行的过程中，会遇到这样那样的问题是很正常的。可是，有人遇到问题就不安。这种不安会导致他出现一大堆负面的想法，如没面子，公司又亏钱了，生意不好做了等。这一大堆的负面想法让他“阵亡”了，他心想：算了，算了，不要赚大钱了；算了，算了，这个目标不容易达成的。结果，他就真的放弃目标，不干了。他之所以会这样，不是因为他没有目标、计划、方法，而是因为他不知道执行会遇到问题。问题会让他不安，而他就在这种不安的状态中忘掉他的目标，逃避现实，放弃。所以现在我要告诉你，当你的目标找到了，有计划有方法后，执行遇到问题了怎么办。这时，你就要消除执行过程中遇到的种种障碍。而消除障碍的关键人物就是你自己和教练。因为你是行销的执行者，所以遇到问题首先要自己学会去消除。接下来，我给你提供一些自我消除行销障碍的方法，希望能让你的事业之路畅通无阻。不过，在学习自我消除行销障碍的方法前，我先把到达行销终点与消除障碍的关键人物的关系用图列出来，以便你对本章的学习。

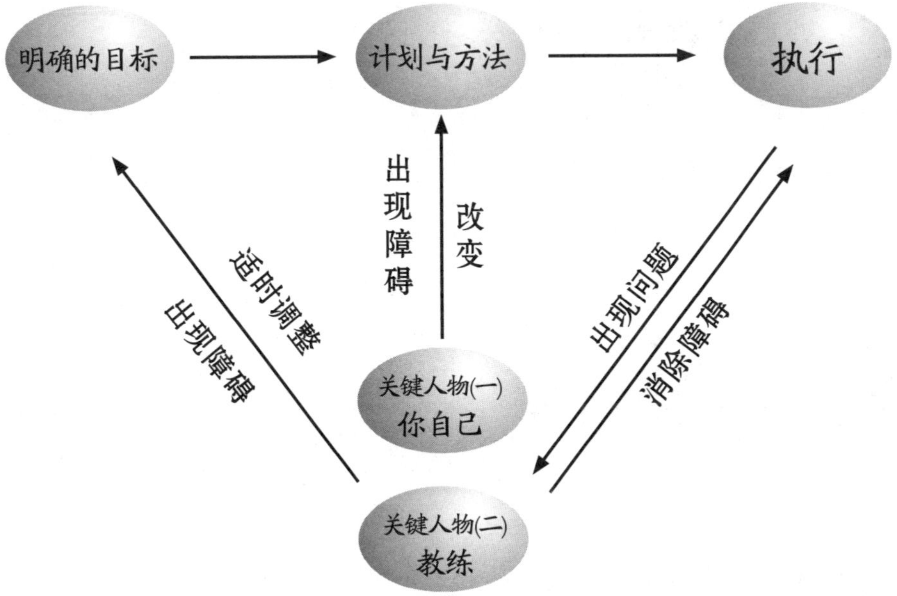

评估与检查

当你在行销的过程中，遇到障碍时，你要对其做出合理的评估和检查，看在哪些地方你是做得好的，哪些是需要改进的。这样才能让你找到问题的所在，并找出解决的方法。现在你可以按以下的步骤去做：

1. 写出定期评估检查的情况。

2. 写出每日评估检查的情况。

3. 写出每周评估检查的情况。

4. 写出每月评估检查的情况。

5. 写出每年评估检查的情况。

分析原因与障碍

列出所有你执行时遇到问题的原因与障碍：

1.

2.

3.

4.

如何改进

分析出原因和障碍后，你要想办法去改进。接下来，你就列出你要改进的：

1.

2.

3.

4.

关键人物之二：教练

在执行遇到问题后，首先要自己想办法去消除你所遇到的障碍。如果你自己不能很好地消除行销的障碍时，你就要找教练来帮你解决。因为教练有专业知识，有经验，懂得如何帮助你达成你的目标。为了实现这个目标，教练为你量身定做一套计划和方法，最后他还会对你执行的情况进行管理、修正。

比方讲，你是体育运动员。教练就会告诉你，刘运动员，你必须每天要做多少举重，你要吃多少东西，你的体重要保持在多重……教练会训练菲尔普斯，你有没有每天照我规定的次数游泳，你游几秒了。如果没有按规定做好，教练就会让你加强，可能要加强锻炼的强度，也有可能要提高身体素质。对于这些，教练有一套管理和修正的方法。教练并没有比姚明会打球，教练并没有比菲尔普斯会游泳，但是教练能训练出世界一流的运动员。而他的这个工作就叫做管制运动员，看运动员有没有照计划、进度去练。等这个运动员达到一定的能力，教练还要求他再进步，还会对他再进行全面检查。通过这种方式让运动员再次达到一定的能力，教练还会要求运动员再进步，会对他再检查，然后再给下一步的训练计划。就这样，教练训练出了世界级的运动员。运动员因为有教练的管制，才能成为一流的选手。同样，你想你的企业快速消除经营中出现的各种障碍，那就要找一位专业的教练来帮你管控和修正了。因为教练会帮你全面检查并修正你的方向。检查完，达到了阶段目标，教练会鼓励你继续加油。如果达不到目标，教练就会替你修整方法。所以有了教练后，你毫不费力、费时就能消除你行销的障碍。教练就像飞机的导航系统，让你朝一定的目标前进，不会走偏。飞机飞出去通常都会失去方向，但是幸好有自动导航系统帮它向目的地的塔台不断地通话，自动导航到了目的地。所以解决你的企业经营障碍的另一个关键人物就是教练。

所以你要让你的企业实现赚大钱这个目标，那就需要有一位教练管控它。因为行销教练有办法管理你的行销计划，有办法检查你的利润分析，有办法观察到你明年的计划好不好，有办法观察到你的利润排行榜做得好不好。他还会对你进行每年检查、每季检查、每月检查、每周检查、每天检查，帮助你实现倍增利润的目标。我不少学员就是请了我当他们企业的教练，所以他们的目标在我的航道当中不停地按计划完成。因为我的导航系统可以让他实现倍增利润的目标。如果你也遇到了问题，如果你学完本书，还感觉没有效果的话，如果你需要教练，我很乐意当你的企业的教练，并为你管控你的这些计划，直到达成目标为止。

附录

课程推荐

朋友，您想打造赚钱机器，成为成交高手吗？杜云生创富教育机构为您准备了以下课程：“绝对成交”、“绝对成交高级班”、“赚钱机器”、“公众演说”、“无敌谈判”、“20倍保证班”、“财富创造大会”、“向命运挑战”、“青少年创富班”、“NAC心理学”。无论您参加哪个课程，都将受益匪浅，财富之流将如潮水般向你涌来，让你获得非凡的成就！请别错过每一个机会喽！

请来电咨询报名：020-86589479　13724012259

两项承诺：1. 课后不满意退款　　2. 课后满意无数次复训

《绝对成交》课程简介

《绝对成交》实战课程，让您完成由销售业务到销售精英的蜕变！三天两夜，杜云生老师全程陪伴，倾力亲授！

第一天：您将在第一天中为这套世界级的成交训练打下扎实的基础。杜老师将会在一天的时间中培养您坚实的发问基本功。在彻底纠正您错误的销售习惯后，训练您的发问技巧，像条件反射一样简单。基本功扎实后，才开始教您完美销售的具体步骤。

第二天：杜老师将训练您如何大幅度地提高您在顾客心目中的信赖感，教会您如何洞察人心和如何促使顾客下定决心，以及如何倍增产品价值的塑造方法。在第二天中，您会感受到：由于基本功的扎实，您的成交技巧已有大幅度的提高。

第三天：在第三天的早上，您将参与一个游戏，它是如此地震撼您的大脑。一上午会冲击着您过去传统的销售习惯，彻底颠覆您对销售的看法。您会将发问的基本功轻松地应用到处理顾客抗拒的六大步骤上，并且您会看到您的成交技巧已经真实地为您带来收入和业绩。第三天的您，确实会迫不及待地想要冲出教室去成交顾客，把话说出去，把钱收回来。

《赚钱机器》课程简介

《赚钱机器》——追求财务自由的终极课程！

第一天：打造赚钱机器的八大步骤

第一课：打造赚钱机器的八大步骤。决定你人生的命运方程式和人脑五大软件是什么？第二课：所有致富的关键是什么？你为什么陷入为钱卖命却始终没钱的怪圈？第三课：四两拨千斤的财富秘密。如何创造永续不断的财富管道和解决价值亿万的问题？第四课：趋势——不可逆转的财富流向。时机——瞬间改写命运，该出手就出手。第五课：决策力法。激发行动力的五大步骤。

第二天：将你的企业打造成自动印钞机

第一课：打造企业机器的八大关键。世界上有四种人，你属于哪一种？第二课：企业的铁三角组织架构。赚大钱是团队运动。第三课：如何几何式倍增企业业绩？《行销机器》创造第一品牌。第四课：谈判——世界上赚大钱最快的方法。演讲——销售的最高境界。第五课：系统——让你企业自动、完美、高效地运转。

第三天：财务自由的六大关键

第一课：创造财富的四种方法和财务自由的六大关键。第二课：穷人、富人、中产阶级的花钱模式。如何一劳永逸地解决财务问题？第三课：《时间的机器》如何越省力越赚钱？如何让时间投资获得最高回报率？第四课：财道——吸引钱的定律。